MARCO POLO

NORD AME RIKA

Schon die Anreise mit dem Kreuzfahrtschiff ist etwas Besonderes, denn vom Wasser aus erhalten Sie ganz neue Perspektiven auf Ihre Destination. Vielfältige Ziele, Kunst und Kultur, Land und Leute – auf einer Kreuzfahrt erleben Sie die ganze Vielfalt des Reisens. Und nicht nur das, die modernen Liner warten natürlich auch mit Unterhaltung und Entspannung an Bord auf. **Gute Reise und Schiff ahoi auf Ihrer Route rund um Nordamerikas Küsten!**

SYMBOLE

INSIDER TIPP Insider-Tipp
★ Highlight
Schöne Aussicht
Grün & fair: für ökologische oder faire Aspekte

PREISKATEGORIEN RESTAURANTS

€€€ über 12 Euro
€€ 6–12 Euro
€ unter 6 Euro

Die Preise gelten für ein Hauptgericht und ein nicht alkoholisches Getränk

GUT ZU WISSEN
Geschichtstabelle → S. 8, Mit Kindern → S. 16, Geschützt für alle Ewigkeit → S. 22, First Nations → S. 23, Alexander Graham Bell → S. 26, Mit Kindern → S. 29, Innovativ → S. 31, Oui und yes → S. 35, Poutine → S. 36, Hoch zu Ross → S. 40, Free Willys → S. 44, Häuser, die am Himmel kratzen → S. 50, Queens

is King! → S. 54, Gruseln → S. 59, Farbenrausch → S. 60, Im Zentrum der Macht → S. 64, Lot's of fun → S. 71, Mittelmeer reloaded → S. 72, Art Deco → S. 75, Tiefe Flüsse fließen langsam → S. 76, Hemingway → S. 78, Castles & Käuze → S. 81, Flussfahrten → S. 82, Zeitreise → S. 92, „The Envelope, please" → S. 100, Betreten verboten → S. 111, Schöne Sitte → S. 114, Auf Teller und Straße → S. 123, Mit Kindern → S. 124

KARTEN IM BAND
(1/A3) verweist auf die herausnehmbare Faltkarte

UMSCHLAG VORN:
Die wichtigsten Highlights

UMSCHLAG HINTEN:
Karte der Region

Die besten MARCO POLO Insider-Tipps

Von allen Insider-Tipps finden Sie hier die 15 besten

INSIDER TIPP Ein Blick in das Ökosystem Ostkanadas
Die sehenswerten Ausstellungen der *Biosphère* in Montréal zeigen auf dem ehemaligen Expo-Gelände faszinierende Hintergründe über die Großen Seen, alternative Energien und nachhaltige Technologien (Foto o.) → S. 16

INSIDER TIPP Ein kühles Blondes
Bitte mit Respekt genießen: Immerhin wird für das Eisberg-Bier der *Quidi Vidi Brewery* das Eis von mehr als 20 000 Jahre alten Eisbergen verwendet → S. 20

INSIDER TIPP Geige im Auftakt
Wenn Riesen Musik machen würden, dann würden sie hier fündig: Sydney kann sich rühmen, die weltweit größte Geige zur Schau zu stellen – und das auch noch ganz öffentlich → S. 24

INSIDER TIPP Relikte der Titanic im Maritimen Museum
Hier gibt es nicht nur Überreste des „unsinkbaren" Luxusliners zu sehen, sondern auch Einblicke in persönliche Schicksale → S. 28

INSIDER TIPP Stippvisite in die kulinarische Welt Asiens
Seltsame Gewürze, Durianfrüchte, krabbelnde Krebse und Entenfüße: Der *T&T Supermarket* am Rand der *Chinatown* in Vancouver bietet alle Gourmetschätze Asiens → S. 40

INSIDER TIPP Aller Anfang ist schwer
Die originalgetreue Einrichtung des *Tenement Museum* lässt ahnen, womit sich die New Yorker im 19. Jh. begnügen mussten → S. 57

INSIDER TIPP Isabellas Schatztruhe
Kunstgenuss pur ist garantiert in der flamboyanten Residenz der

Bostoner Mäzenin *Isabella Stewart Gardner* → **S. 61**

INSIDER TIPP **Hier erfüllen sich die Träume von Gartenfans**
Wandeln im Gartenparadies: Rose Garden, Sunken Garden, East Garden – oder darf es doch auch ein bisschen Wald sein? → **S. 65**

INSIDER TIPP **Rainbow Row**
Hier gibt es nicht ständig Regenbogen, aber hübsche, pastellfarbene Häuser, die sich dicht an dicht aneinanderreihen → **S. 68**

INSIDER TIPP **Schwimmen wie die Stars**
Palmengesäumtes Wasser, venezianisch angehauchte Atmosphäre – perfekte Kulisse für eine kleine Auszeit → **S. 76**

INSIDER TIPP **Antikes shoppen auf der Mall**
Hier gibt es nicht nur jede Menge Geschäfte, sondern auch einen sehenswerten Antikmarkt, der zum Stöbern verführt → **S. 77**

INSIDER TIPP **Pilgerfahrt zu Jimi Hendrix**
Das *EMP* in Seattle birgt die größte Hendrixsammlung – und dazu noch viele Erinnerungsstücke an die Grunge-Band *Nirvana* → **S. 86**

INSIDER TIPP **Wenn Wurzeln sich wie Tentakel winden**
Dieser mächtige Feigenbaum ist ein einziges Spektakel: Bizarr winden sich die langen Wurzeln über den Boden und die Äste breiten sich zu einer gewaltigen Krone aus (Foto u.) → **S. 95**

INSIDER TIPP **Exotisch schlemmen**
Der *Grand Central Market* in Downtown ist voller fremder Düfte. An den Ständen können Sie mexikanische, asiatische und US-amerikanische Gerichte probieren → **S. 97**

INSIDER TIPP **Planschende Rüsseltiere**
Schon mal ein Schwein schwimmen gesehen? Kein Problem auf Big Major, hier sind die schwimmenden Schweine die Attraktion → **S. 124**

LEINEN LOS

ENTDECKEN SIE NORDAMERIKA!

Unendliche Weite, wie das Meer, das sich vor Ihrem Schiff erstreckt? Glitzernde Millionenmetropolen? Schmelztiegel verschiedenster Nationen? Faszinierende Naturlandschaften von der schroffen Atlantikküste des Ostens über den subtropischen Süden bis hin zu den Vulkangipfeln im pazifischen Nordwesten?

Was auch immer Sie vor Ihrer Kreuzfahrt entlang der nordamerikanischen Küsten erwarten – seien Sie versichert: Der riesige Kontinent wird Ihre Erwartungen erfüllen und Sie ganz bestimmt noch das eine oder andere Mal überraschen.

Eine erste Überraschung dürfte die Ostküste Kanadas sein, denn hier treffen Sie auf weit mehr als nur die Spuren der einstigen europäischen Einwanderer – und manchmal sieht auch die Natur aus wie in deren alter Heimat. Wie auf der Insel ***Cape Breton*** in der Provinz Nova Scotia, die nicht umsonst so heißt, denn die Landschaft erinnert tatsächlich an die schottischen Highlands – und Gälisch wird hier auch noch gepflegt. Britisch wiederum ist die alte Hafenstadt ***Halifax*** mit ihrer Zitadelle. Einen nicht nur sprachlichen Kontrapunkt setzen ***Québec*** und ***Montréal***, denn hier wird nicht nur ein altertümliches Französisch gesprochen; Sie könnten auch glauben, in die europäische Geschichte zurückzureisen angesichts schmaler, kopfsteingepflasterter Straßen, an denen sich historische Gebäude drängen. Aber Ostkanada erwartet

Bild: Sinnbild für den American Dream: die Freiheitsstatue

Sie auch mit Naturschauspielen wie tief eingeschnittenen Fjorden oder mit ***Walbeobachtungen*** vor der Küste.

Im Süden, auf der anderen Seite der Grenze zu den USA, ist ***Bar Harbor*** in Maine das Eingangstor zu dem wunderbaren ***Acadia-Nationalpark***, während in ***Boston***, einer Stadt, die mit wunderschönen historischen Bauten gesegnet ist, die Erinnerung an die Tea Party, Auslöser des amerikanischen Unabhängigkeitskrieges, aufrechterhalten wird. Und dann ist da natürlich sie, die Stadt, die wie keine andere mit der Freiheitsstatue den uramerikanischen Traum der unbegrenzten Möglichkeiten symbolisiert: ***New York***, wo die Einwanderer auf Ellis Island eintrafen, wo sich Wolkenkratzer in den Himmel recken und wo eine gewaltige Kunst- und Kulturszene brodelt.

Noch weiter südlich entlang der Atlantikküste dann nicht nur ***Cape Canaveral*** mit seinem berühmten Weltraumbahnhof und den so typisch amerikanischen Vergnügungsparks um Orlando, sondern auch der Great Old South, die alten Südstaaten, mit der *southern belle* ***New Orleans***. Die Stadt am zweitlängsten Fluss der USA, dem ***Mississippi***, ist nicht nur berühmt für ihren Jazz, sondern in ihrem French Quarter schlägt auch quicklebendig ein kraftvolles, historisches Herz.

Wilde Natur, atemberaubende Städte und ein Mix der Kulturen

Einen ersten Eindruck der Tropen gewinnen Sie in Florida mit ***Tampa***, mit der Metropole ***Miami***, wo nicht nur der sprachliche Einfluss spanischsprachiger Einwanderer spürbar ist, und mit der Inselkette der ***Florida Keys***, die sich elegant in den Golf von Mexiko hineinschwingen. Vielleicht haben Sie Glück und Ihr Kreuzfahrtschiff macht hier auch einen Abstecher in Richtung ***Bahamas***, eine geradezu paradiesische Inselwelt!

Vor 30 000–12 000 Jahren
Urvölker aus Asien ziehen über die Beringstraße nach Alaska und besiedeln Amerika

Um 1000 n. Chr.
Wikinger erkunden das heutige Labrador und Neufundland

1492
Christoph Kolumbus entdeckt die Neue Welt für die moderne Zeit

16./17. Jh.
Spanier, Franzosen und Briten gründen Kolonien entlang der Ostküste Amerikas

4. Juli 1776
Unabhängigkeitserklärung der 13 Kolonien an der Ostküste

LEINEN LOS

Dicht drängen sich die Hochhäuser Vancouvers zwischen Meer und Bergen

„California dreamin' …" So wurde in den 60ern der an Mexiko angrenzende Golden State an der Pazifikküste besungen, der damals zum Eldorado für die Hippiebewegung wurde und der auch heute nichts von seiner Faszination eingebüßt hat. Vielen gilt ***San Francisco*** mit seinen steilen Hügeln, der Golden Gate Bridge und den Cable Cars als die schönste Stadt der Welt; ***Los Angeles*** ist das Zentrum der Filmindustrie und in ***San Diego*** wird das Erbe der spanischen Gründer erlebbar.
Weit oben im pazifischen Nordwesten erwartet Sie vor spektakulärer Naturkulisse ***Seattle*** mit seiner Space Needle und noch weiter nördlich ***Vancouver***, die Metropole der kanadischen Provinz British Columbia, ebenfalls einzigartig gelegen zwischen im Winter schneebedeckten Bergen und dem Strait of Georgia, auf dessen anderer Seite die landschaftlich abwechslungsreiche ***Vancouver Island*** mit der Provinzhauptstadt ***Victoria*** liegt.
Und wenn es ganz weit in den Pazifik hineingehen soll, dann entführt Sie Ihr Kreuzfahrtschiff vielleicht nach ***Hawai'i***, 50. Bundesstaat der USA ganz weit draußen und doch eine gänzlich andere, tropische Inselwelt.

- **1861–65** Bürgerkrieg zwischen dem industrialisierten Norden der USA und dem ländlichen Süden
- **1867** Die Geburt Kanadas: Im British North America Act werden die Kolonien Ontario, Québec, Nova Scotia und New Brunswick zum Dominion of Canada
- **1872** Gründung des ersten Nationalparks der Welt: Yellowstone
- **1931** Kanada erlangt Souveränität im British Commonwealth
- **1959** Hawai'i wird der 50. Bundesstaat der USA

RUND UM NORD-AMERIKAS KÜSTEN

GLITZER & GLAMOUR

Als sich die ersten Filmfirmen in Hollywood niederließen, schufen sie die Basis für eine Industrie, die längst weltumspannend über das Kinogeschäft hinausreicht. Das US-Fernsehen begann in den 1950er-Jahren damit, die großen Studiogelände, die in der Stummfilmzeit entstanden waren, als Produktionsstätten für den wachsenden Bedarf an TV-Serien zu nutzen. Heute ist das Fernsehen der größte Zweig der kalifornischen Unterhaltungsindustrie. Durch die wachsende wirtschaftliche Verflechtung von Unternehmen zogen ab Anfang der 1970er-Jahre auch die großen Schallplattenfirmen an die Westküste. Die Bedeutung des Entertainmentbusiness für Los Angeles lässt sich nicht nur an der jährlichen Verleihung von Oscars, Grammys, Emmys und anderen Auszeichnungen für Unterhaltungskünstler ablesen. Mit rund 250 000 Beschäftigten und ungezählten Nachwuchstalenten, die auf ihre Chance hoffen, prägt das Showgeschäft den Lebensstil. Sichtbar wird er vor allem bei den Superreichen, die sich in Beverly Hills und Malibu hinter hohen Mauern wahre Traumhäuser gebaut haben.

GOD BLESS AMERICA

Mit wehender Fahne und Trommelwirbel: Der US-Amerikaner liebt sein Land. Als Präsident George Bush und später sein Sohn George W. die Nation in die beiden Golfkriege führten, waren sie so beliebt wie nie zuvor oder danach – was sich erst mit der zunehmenden Dauer

Bild: Wo Promis ihre Spuren hinterlassen: der Hollywood Walk of Fame

Nur eins ist sicher: Das eine Nordamerika gibt es nicht – willkommen im fulminanten Sammelbecken der Kulturen

des zweiten Kriegs im Irak änderte. *Rally around the flag* heißt das Phänomen, dass sich in der Stunde wirklicher oder vermeintlicher Not alle um die Fahne sammeln. Kein Parteitag ohne Fahnenmeer, kein Baseballspiel ohne Flaggengruß.

CALIFORNIA CRAZY

Schön ist, was gefällt: Nach diesem Motto bauen die Kalifornier am liebsten. Ein typisch kalifornischer Stil entstand erstmals nach dem Zweiten Weltkrieg, als die Diner und Coffeeshops riesige Fenster und kühn hervorragende Dächer erhielten und drinnen pralle, ketchuprote Sitzbänke, die im grellen Neonlicht glänzten. „Googie" wurde dieser Stil genannt, und fantasievoll ging es weiter. Das Hamburger-Restaurant in Form eines Hamburgers, die Immobilienfirma Sphinx in einem als Sphinx geformten Haus, ein Dinosauriermuseum in einem riesigen Dinosauriermodell – Kalifornien hat sich in den letzten Jahrzehnten zu einem architektonischen Freistilparadies entwickelt, in das sich nahtlos auch die abenteuerlichen Wohnhäuser aus Redwood an der Küste Nordkaliforniens einfügen. Der Fachbegriff für die groteskesten Auswüchse: California Crazy. Die Wolkenkratzer Kaliforniens sind übrigens alle jüngeren Datums. Erst seit erdbebensicher gebaut werden kann, wird hier auch hoch gebaut. Wie hoch, das zeigt die neue Downtown von Los Angeles, die seit etwa 20 Jahren einen Bauboom erlebt.

GROSSES KINO

Was Hollywood für die USA, ist der pazifische Westen für Kanada. Schauen Sie mal genauer hin: Sie werden in so manchen Kinofilmen die Kulissen aus den Rockies oder Vancouver erkennen. Viele Hollywoodfilme werden nämlich in Westkanada gedreht, tolle Kulissen und günstige Produktionskosten sind die Gründe. Ganz oben auf der Liste der Drehorte steht Vancouver, erst jüngst wurde hier „Deadpool 2" gefilmt. Stars wie Ben Stiller, Lucy Hale oder Liam Neeson werden öfters gesichtet. Die Rockies sind gern genommener Drehort für Western: Marilyn Monroe drehte hier in „Fluß ohne Wiederkehr", und „Brokeback Mountain" wurde im Vorland der Berge gedreht wie auch der Klassiker „Little Big Man".

DIE JAGD NACH DEM PUCK

Samstagabend ist den ganzen Winter über „Hockey Night in Canada". Dann sitzt die ganze Nation vor dem Fernseher oder in den Sportbars, fiebert bei den Spielen der National Hockey League (NHL) mit – und lacht über die wunderbar schrillen Anzüge des legendären Kommentators Don Cherry. Auch die US-Teams werden genau verfolgt, denn in den amerikanischen Mannschaften kom-

Der hawaiianische Hula ist ein heiliges Ritual, das mit spiritueller Inbrunst zelebriert wird

men viele Spieler aus Kanada. Natürlich sind wie die Kanadier auch die Nachbarn in den USA eishockeybegeistert. Angeblich spielten schon die Seeleute, die mit dem englischen Entdecker John Franklin Anfang des 19. Jh.s unterwegs waren, Hockey auf dem Eis und begründeten damit den heute beliebtesten Sport Kanadas. Wenn die heimischen Teams bei den Play-offs für den berühmten Stanley Cup mitspielen, dann gerät das ganze Land in den Hockeyrausch.

GOD SAVE THE QUEEN

Überraschend, aber wahr: Queen Elizabeth II. ist Kanadas Staatsoberhaupt. Das Land ist nämlich eine parlamentarische Demokratie im British Commonwealth. Allerdings hat die Queen nur ein paar zeremonielle Aufgaben. Und alle zehn Jahre kommen sie oder die Sprösslinge zu Besuch. Das Parlament in Ottawa ist für die Außenpolitik, für Verteidigung und Finanzen zuständig. Die zehn Provinzen Kanadas besitzen eine weitreichende Selbstverwaltung, z. B. in Schulwesen, Kulturpolitik, Gesundheitsversorgung und in der Nutzung der Bodenschätze.

NOUVELLE FRANCE

Bonjour! Wer heute irgendwo in Québec ins Restaurant geht, wird immer noch mit Französisch begrüßt, obwohl die frühere Kolonie schon vor über 250 Jahren an die Engländer ging. Die Québecer haben ihre Kultur über die Jahrhunderte gerettet, und sie sind frankophil mit Herzblut. Wehe, wenn sie von Ottawa in einer Kleinigkeit übergangen werden. Immerhin stellen die Québecer rund 30 Prozent der Bevölkerung Kanadas. Da hilft es, wenn man als Premierminister aus Montréal kommt wie Justin Trudeau. Doch die sprachliche und kulturelle Zweiteilung Kanadas führt immer wieder zu schweren Krisen. Vor fünfzig Jahren forderte der nationalistische Parti Québécois bereits die völlige Loslösung Québecs von Kanada; es kam sogar zu terroristischen Anschlägen von Separatisten. 1980 und 1995 wurden dazu Volksabstimmungen abgehalten. Beide Male sprach sich die Mehrheit der Bevölkerung Québecs gegen die Ablösung aus – jedoch denkbar knapp.

X-ING OUT

Die Amerikaner lieben die lautmalerische Verwendung von Buchstaben und sogar Zahlen. U-turn etwa steht für eine Wende auf der Straße – und die ist meistens verboten. Andere Beispiele: Ped X-ing – Fußgänger kreuzen; im Laden: If U don't C what U need ask 4 it – Wenn Sie nicht sehen, was Sie brauchen, dann fragen Sie danach. Und X-ing out steht z. B. für Durchstreichen.

GETANZTE ANBETUNG

Der traditionelle Hula auf Hawai'i, der *kahiko hula*, ist weit mehr als das simple, oft in polynesischen Shows gezeigte Hüftenschwingen im Baströckchen: Er ist ein ursprünglich nur von Männern getanztes, heiliges Ritual, mit dem sie hawaiische Legenden und ihren kultischen Kosmos ausdrücken. Weniger auf die kreisenden Hüften kommt es dabei an als auf die Gestik und Mimik. Hula-Tänzer stellen die Blätter der Bäume dar sowie die Wellen des Meers, die Vulkane, die Gewitter und die mächtigen Götter. Da Fruchtbarkeit und Sexualität in ihrer Naturreligion eine zentrale Rolle spielen, ist die erotische Ausdruckskraft der Tänzer höchst wichtig. Für die puritanischen Missionare, die nach ihrer Ankunft schnellstens den Hula verboten, war er ein Gräuel. Erst seit in den 1970er-Jahren eine Renaissance der alten hawaiischen Kultur einsetzte, wird auch der klassische Hula vermehrt wieder getanzt.

KANADA

Kanada ist sexy geworden in den letzten Jahren: Es hat mit Justin Trudeau einen jungen, dynamischen Premierminister, es hat coole Metropolen und wilde Natur und tolle Erlebnisse zu bieten.
Und die Kanadier sind Vorbilder in vielen Dingen: Sie haben ein großartiges System von Nationalparks quer durch das Riesenland geschaffen, haben ausgezeichnete Schulen und innovative Firmen und machen seit Jahrzehnten bei allen UN-Friedensmissionen in aller Welt mit. Zudem ist die Freundlichkeit und Höflichkeit der Kanadier sprichwörtlich. Eigentlich alles gute Argumente für einen Besuch, oder?
Die Niagarafälle und der farbenprächtige Indian Summer stehen ganz oben auf der Liste der Attraktionen Ostkanadas. An der fjordreichen Pazifikküste wiederum steigen die gletschergekrönten Coast Mountains mit ihren uralten, geheimnisvollen Regenwäldern aus dem dunklen Wasser, der Heimat von Walen und Königslachsen. Dahinter, im Schatten der Berge, erstrecken sich sonnige, wald- und seenreiche, immer wieder von Bergketten unterbrochene Hochplateaus bis zu den Rocky Mountains. Und dazu gibt es natürlich auch aufregende Städte wie Montréal und Québec im Osten und Vancouver im Westen.

MONTRÉAL

In Montréal, der mit rund 4,1 Mio. Einwohnern zweitgrößten Stadt Kanadas, reicht es nicht, lediglich die Sehenswürdigkeiten und historischen Denk-

Bild: Blick auf die Innenstadt von Montréal vom Mount Royal aus

Atemberaubende Landschaften, faszinierende Städte und ein europäisches Erbe – willkommen in Kanada

mäler abzuhaken. Diese Stadt will mit allen Sinnen erlaufen und erlebt sein. Erst dann werden Sie die Lebensfreude ihrer Bewohner schätzen lernen. Im Sommer, wenn das Leben vorwiegend in den Straßencafés und Parks stattfindet, zeigt sich die Stadt von ihrer vergnüglichsten Seite. 70 Prozent der Montréaler haben Französisch als Muttersprache, und das gallische Temperament und die Freude an gutem Essen sind auch nach 250 Jahren Zugehörigkeit zum britischen Reich ungebrochen.

SEHENSWERTES

Die Orientierung in Montréal ist nicht schwer: Am Südufer der Île de Montréal liegt die winkelige Altstadt *(Vieux Montréal)* mit ihren kopfsteingepflasterten Gassen. Dahinter, in der sanft zum Fluss hin geneigten Ebene zwischen Altstadt und Mont Royal, ragen die Wolkenkratzer der Innenstadt auf. Westlich davon wird vorwiegend Englisch gesprochen, dort liegt *Westmount*, Wohn- und Einkaufsviertel der Anglomontréaler. Im Osten

MIT KINDERN

Der große Vergnügungspark *La Ronde* liegt auf einer Insel mitten im St. Lawrence. Es gibt mehrere Achterbahnen, Turmspringer- und Marionettenshows sowie Musikbühnen. Schön auch für kleinere Kinder. *Mitte Juni–Aug. tgl. 9.30–22.30 Uhr | Eintritt 67 $, Kinder 59 $ | Île Sainte-Hélène | www.laronde.com*

der Innenstadt verläuft der *Boulevard St-Laurent*, an dem sich die Einwandererviertel reihen und östlich dessen die rein französischen Viertel an der *Rue St Denis* beginnen. Altstadt und Stadtzentrum lassen sich gut zu Fuß erschließen, die nächste U-Bahn-Station ist nie weit entfernt. Und verlaufen Sie sich ruhig, die freundlichen Montréaler bringen Sie gern wieder auf den richtigen Weg.

INSIDER TIPP BARBIE EXPO

Wunderbar verrückt und einzigartig: 1000 Barbiepuppen in Designerkostümen von Dior oder Armani. Bestimmt die größte Barbieaustellung der Welt. *Tgl. 10–18, So 12–17 Uhr | Eintritt frei | 1455, rue Peel im Les Cours Mont-Royal*

BIODÔME ★

Das ehemalige Radstadion des Parc Olympique beherbergt heute ein Ökomuseum: Naturnah werden – spannend auch für Kinder – die wichtigsten Ökosysteme des amerikanischen Kontinents präsentiert, darunter Regenwälder und arktische Eishöhlen. *Im Sommer tgl. 9–18, sonst Di–So 9–17 Uhr | Eintritt 20,25 $, mit Jardin Botanique 35 $ | 4777, ave. Pierre de Coubertin | espacepourlavie.ca*

ÎLE STE-HÉLÈNE *(🕮 2/D1-2)*

Die Parkanlagen auf der kleinen, der Altstadt vorgelagerten Insel sind ein beliebtes Naherholungsziel der Montréaler. Hier steht neben dem Vergnügungspark La Ronde auch ein altes Fort von 1822 (mit Militärmuseum), in dem im Sommer Soldaten in historischen Kostümen exerzieren. Im Südteil der Insel und auf der Nachbarinsel Île Notre-Dame fand 1967 die Expo statt, von der viele Bauten erhalten sind: Der ehemalige französische Pavillon beherbergt ein Spielkasino, in der riesigen Kugel INSIDER TIPP *Biosphère (im Sommer tgl. 10–17 Uhr, im Winter Mo/Di geschl. | Eintritt 15 $ | www.ec.gc.ca/biosphere)* – einst der Pavillon der USA – können Sie Ausstellungen über Ökologie, Klima, Wasser und Luftqualität erleben. Auf der Île Notre-Dame liegt zudem die Grand-Prix-Rennstrecke Montréals.

JARDIN BOTANIQUE

Montréals botanischer Garten zählt mit 30 Sektionen zu den besten der Welt. Es gibt einen eigenen japanischen und indianischen Garten (großartige Bonsaibäume!), dazu ein faszinierendes Insektarium, in dem über 4000 Käfer, Raupen, Schmetterlinge und Spinnen zu bewundern sind. *Im Sommer tgl. 9–18, sonst Di–So 9–17 Uhr | Eintritt 20,25 $, mit Biodome 35 $ | 4101, rue Sherbrooke Est*

MONT ROYAL

Der Berg, der Montréal seinen Namen gab, ist heute ein gut 2 km² großer bewaldeter Park. Von der ★ Aussichtsterrasse des Mont Royal am Grand Chalet bietet sich ein großartiger Blick über die Innenstadt und ist von dort auch schnell zu Fuß erreichbar. *Visitor centre (tgl. 9–18Uhr | 1260 Remembrance Rd.)* im *Smith House* im Zentrum des Parks, wo auch ein Terrassenrestaurant zur Pause einlädt.

MUSÉE D'ART CONTEMPORAIN (🕮 2/A2)

Zeitgenössische Kunst, vielfach von Québecer Künstlern, in einem weitläufigen, postmodernen Bau. Guter Bookshop. *Di 11–18, Mi–Fr 11–21, Sa/So 10–18 Uhr | Eintritt 15 $ | 185, rue Ste-Catherine Ouest | www.macm.org*

MUSÉE DES BEAUX-ARTS

Das älteste Kunstmuseum Kanadas ist berühmt für seine großen Sonderausstellungen im Neubau des kanadischen Stararchitekten Moshe Safdie. Guter Museumsshop. *Di–Do 10–17, Sonderausstellungen Mi bis 21 Uhr | Eintritt bis 30 Jahre frei, sonst 15 $, Sonderausstellung 23 $, bis 30 Jahre 15 $ | 1380, rue Sherbrooke Ouest | www.mbam.qc.ca*

MUSÉE MCCORD

Kleines, feines Museum zur Geschichte Kanadas, darunter herrliche Perlenstickereien der Indianer. *Im Sommer tgl. 10–18, Mi bis 21, Sa/So bis 17 Uhr, im Winter Mo geschl. | Eintritt 20 $ | 690, rue Sherbrooke Ouest | www.mccord-museum.qc.ca*

PARC OLYMPIQUE (🕮 X/XX)

165 m über dem Olympiastadion von 1976 ragt der „Schiefe Turm von Montréal" auf, eine der beliebtesten Attraktionen der Stadt. Der spektakuläre, um 45 Grad geneigte Turm des futuristischen Stadions wurde übrigens nach vielen Bauskandalen erst elf Jahre nach den Olympischen Spielen fertiggestellt. Am schönsten ist der Blick von der Aussichtsplattform morgens und abends. *Im Sommer tgl. 9–20, Mo ab 13, im Winter bis 17 Uhr | Eintritt 23,25 $ | 4141, ave. Pierre-de-Coubertin*

POINTE-À-CALLIÈRE ★ (🕮 2/B3)

Stadtgeschichte mal anders: Nach einer spektakulären multimedialen Einführung durchwandert man unter der Place Royale ein unterirdisches Labyrinth alter Gemäuer, vorbei am ersten Friedhof der Stadt, einer frühen Taverne und den Grundfesten des ersten Siedlerforts. Ergänzend finden Sonderausstellungen statt. *Mo–Fr 10–18, Sa/So 11–18, sonst Di–So bis 17 Uhr | Eintritt 20 $ | 350, Place Royale | pacmusee.qc.ca*

Reichlich Glamour mit Barbie in der Barbie Expo

RUE ST-DENIS *(2/A1-B2)*

Straßencafés, Kinos und kleine Restaurants prägen das Straßenbild um die Université du Québec. Nordwestlich davon – etwa an der Kreuzung zur Avenue du Mont-Royal – beginnt das lebendige Stadtviertel ★ *Plateau Mont-Royal*. In den Backsteinbauten der Einwanderer residieren heute flippige Boutiquen und Bistros. Tipp zur Stärkung: INSIDER TIPP ein *bagel* in der Bäckerei *St-Viateur* *(1127, ave. du Mont-Royal Est)*.

LA TOHU

Ein Highlight für Zirkusfans: Auf einer ehemaligen Müllkippe entstand eine Zirkusschule und das nach besten ökologischen Standards gebaute Trainingszentrum des *Cirque du Soleil*. Häufig auch sehr innovative Zirkusaufführungen. *Führungen: tgl. 9–17 Uhr | 2345, rue Jarry Est | Tel. 514 3 76 86 48 | tohu.ca*

VIEUX MONTRÉAL *(2/B3)*

Um die Place Jacques Cartier und die Place d'Armes liegen die wichtigsten Attraktionen der Altstadt: die *Basilique Notre-Dame* (abends *Son-et-Lumière-Show*), die *Chapelle Notre-Dame-de-Bonsecours* und das *Château de Ramezay*, einst die Residenz der Gouverneure, heute Museum zur Stadtgeschichte. Werfen Sie auch einen Blick in den klassizistischen Kuppelbau des *Marché Bonsecours* an der Rue St-Paul, in dem häufig Ausstellungen stattfinden. Und unten am Fluss locken die *Piers des Vieux Port* u. a. mit Flohmärkten und Bootsfahrten.

Ein Fest für die Augen: die Basilique Notre-Dame

ESSEN & TRINKEN

CHEZ L'EPICIER *(2/B2)*

Moderne, innovative Québecer Cuisine, witzig gestylt als Krämerladen in einem historischen Bau mitten in der Altstadt. *311, rue St-Paul Est | Tel. 514 8 78 22 32 | €€€*

RESTO VEGO *(2/A1)*

Kleine Kette von vegetarischen Buffetrestaurants mit mehreren Ablegern in der Stadt, z. B. mitten im Studentenviertel und mit schöner Terrasse: *1720, rue St-Denis | Tel. 514 8 45 26 27 | €*

SCHWARTZ' ★

Das klassische jiddische Deli-Lokal ist berühmt für sein Rauchfleisch. Für 9 $ gibt's hier ein deftiges *smoked meat sandwich*, für 17 $ eine Riesenplatte für den großen Hunger. *3895, blvd. St-Laurent | Tel. 514 8 42 48 13 | €*

ZIELE IN DER UMGEBUNG

CHAMBLY ★

In der Kleinstadt (20 000 Ew.), etwa 30 km östlich von Montréal, wird im restaurierten Fort Chambly von 1711 die wechselvolle Geschichte dieser von Irokesen, Franzosen, Engländern und Amerikanern umkämpften Region deutlich.

EINKAUFEN

Shopping satt in der Stadt – kein Problem in Kanadas Ostküstenmetropolen

Der kanadische Dollar ist deutlich schwächer als der US-Dollar, doch umgerechnet sind die Preise meist ähnlich wie in Europa.

Nur Freizeitkleidung und Sportartikel, aber auch Vitaminpillen und manche Food-Spezialitäten sind in Kanada billiger als in Europa. Zudem lassen sich bei den ständig angepriesenen Schlussverkäufen oft Schnäppchen entdecken.

KULINARISCHES

Das wohl berühmteste Mitbringsel aus Kanada ist *maple syrup*. Der eingedickte Saft der Ahornbäume stammt meist aus den Laubwäldern Québecs und gehört in Kanada zu jedem zünftigen *pancake*-Frühstück. Der kristallisierte Zucker aus dem Sirup wird auch zu Pralinen und Keksen verarbeitet. Beliebt ist auch Honig aus Wildblumen.

KUNSTHANDWERK

Shopping von arts and crafts steht bei den Kanadiern hoch im Kurs. Auf *craft fairs* gibt es gedrechselte Holzschalen, Glaskunst, witzige Keramik oder ansprechende Aquarelle. Ein Ort wie St-Jean-Port-Joli in Québec hat sich gar gänzlich dem Holzschnitzen verschrieben – das Oberammergau der Neuen Welt. Gut sind oft die crafts shops in den Atlantikprovinzen: Hier gibt es die selbst gestrickten Pullover der Neufundländer oder Schmuck aus Labradorit, einem blau glänzenden Stein, der nur in Labrador vorkommt. Ebenfalls beliebt ist die irisch-keltische Musik der Einwanderer, die auch von modernen Künstlern gepflegt wird: von *Ashley MacIsaac* etwa oder von der Stepptanz-Gruppe *Leahy*, deren CDs überall erhältlich sind.

MALLS & MÄRKTE

Shoppingmalls, Kaufhäuser und Boutiquen finden Sie in allen größeren Städten. In den letzten Jahrzehnten wurden alte Hafenviertel renoviert: So wurden die *Historic Properties* in Halifax zu einem beliebten Shoppingbezirk mit Lokalen, Kunstgalerien und Straßencafés.

ST. JOHN'S

(🕮 1/F2) **Das an einem ganzjährig eisfreien Naturhafen an der Ostküste der Avalon-Halbinsel gelegene St. John's ist nicht nur eine der ältesten Städte Nordamerikas, sondern auch die östlichste dieses Subkontinents.**

Um den herrlichen, ganzjährig eisfreien Naturhafen stritten sich schon im 17. Jh. Engländer und Franzosen. Der Hafen bestimmt auch heute das Leben der Stadt – besonders in der Water Street.

St. John's ist die Hauptstadt Neufundlands und zugleich die größte Stadt der Provinz. Über ein Drittel der Bevölkerung von Newfoundland & Labrador lebt im Raum St. John's. Die Stadt mit einer der ältesten Straßen Nordamerikas ist auch östlicher Ausgangspunkt des 7800 km langen Trans-Canada Highway, der ganz Kanada in ost-westlicher Richtung durchzieht.

SEHENSWERTES

SIGNAL HILL/CABOT TOWER

Vom 152 m hohen Signal Hill nördlich der Hafeneinfahrt bietet sich bei Tag und Nacht ein ★ grandioser Blick auf die Stadt, den Hafen und die benachbarte Küste. Oft kann man auch einen der vielen Eisberge sichten, die sich jeden Frühling und Frühsommer bis in diese Breitengrade verirren. Vom „Signalberg" aus wurden früher mit Flaggensignalen herannahende und einlaufende Schiffe angemeldet. Etwa auf halber Höhe des Signal Hill erläutert ein didaktisch gut gemachtes Interpretive Centre Besuchern die Stadtgeschichte. Der Cabot Tower im Signal Hill Historic Park wurde 1897 zum 400. Jahrestag der Entdeckung der Insel errichtet. Von dem wie eine Burg über dem Hafen thronenden Bau aus wurde 1901 der erste Funkkontakt nach Europa hergestellt. Auch im Cabot Tower ist eine historische Ausstellung eingerichtet. Vom Turm führt ein knapp 2 km langer Weg hinab zur sogenannten INSIDER TIPP *Battery*, dem ältesten Stadtviertel von St. John's. Einige der farbenfrohen Fischerhäuschen stehen direkt an den Klippen. *Ausstellungen innen im Sommer tgl. 10–18 Uhr, sonst geschl. | Eintritt 4 $*

FLUVARIUM

Interessante ökologische Ausstellungen mit einem Bach, der von Unterwasserfenstern aus beobachtet werden kann. *Im Sommer Mo–Fr 9–17, Sa/So ab 10 Uhr | Eintritt 78$ | Pippy Park*

INSIDER TIPP JOHNSON GEO CENTRE

Das großteils unterirdische Wissenschaftsmuseum erläutert die faszinierende Geologie Neufundlands und in einer Sonderausstellung das tragische Schicksal der „Titanic", die nur 500 km von hier im Nordatlantik unterging. *Tgl. 9.30–17 Uhr, im Winter Mo geschl. | Eintritt 12 $ | 175 Signal Hill Rd. | www.geocentre.ca*

QUIDI VIDI BREWERY

Der Stadtteil Quidi Vidi, ein häufig fotografierter Fischerort mit den typischen Outport-Häusern auf Stelzen, liegt nördlich vom Signal Hill an einem kleinen, von rund geschliffenen Klippen umgebenen Meeresarm. Hier befindet sich seit 1996 auch die Quidi Vidi Brewery, die insbesondere berühmt ist für ihr INSIDER TIPP Eisberg-Bier, das tatsächlich aus dem Eis der vor der Küste treibenden Eisberge hergestellt wird – und das kann über 20 000 Jahre alt sein. *Shop tgl. 10–18 Uhr, Ausschank So–Mi 12–20, Do 12–22, Fr, Sa 12–0 Uhr | 35 Barrows Road, Quidi Vidi, St. John's*

Letzter Außenposten: der Leuchtturm am Cape Spear

ST. JOHN THE BAPTIST

Erbaut wurde die katholische Kathedrale im Jahr 1841; sehenswert ist ihr reich geschmückter Innenraum. *Tgl. 8–16, Sa bis 17, So 8–12.30 Uhr | Eintritt frei | Military Rd.*

ST. JOHN THE BAPTIST

Unter gleichem Namen wie die katholische gibt's auch eine anglikanische Kathedrale von 1849. Im Juli/August werden Mi–Sa nachmittags nach englischer Sitte im *Krypta-Tearoom* Tee und *scones* serviert (10 $). *Im Sommer tgl. 10–16, Sa bis 12 Uhr | Eintritt frei | 16 Church Hill*

THE ROOMS

Im Jahr 2005 eröffnete das „The Rooms" genannte neue Kulturzentrum der Provinz Newfoundland & Labrador. Es umfasst nicht nur die Kollektionen der Newfoundland Art Gallery, sondern auch die Sammlungen des Newfoundland Museum mit Exponaten aus prähistorischer und vorkolonialer Zeit, aus der Zeit der ersten europäischen Einwanderer, aus dem Leben der Fischer und auch aus den eleganten Salons der Städter. Auch das Archiv der Provinz ist hier untergebracht. *Di, Do, Sa 10–17, Mi 10–21, Fr 10–22, So 12–17 Uhr | Eintritt 10 $ | 9 Bonaventure Ave | www.therooms.ca*

ZIELE IN DER UMGEBUNG

CAPE SPEAR

10 km südöstlich von St. John's liegt der östlichste Punkt Nordamerikas. Hier steht der INSIDER TIPP älteste, nämlich 1835 errichtete, Leuchtturm Neufundlands, der heute noch in Betrieb ist und ein kleines Museum beherbergt.

COLONY OF AVALON

Bei Ferryland, rund 80 km südlich von St. John's, liegen die Ausgrabungen der ältesten englischen Siedlung auf Neufundland – gegründet bereits 1621. Ausstellungen erläutern die Historie. *colonyofavalon.ca*

GESCHÜTZT FÜR ALLE EWIGKEIT

Die berühmtesten der 47 Nationalparks Kanadas wie Banff oder Jasper liegen in Westkanada. Aber auch im Osten wurden einige besonders schöne Naturgebiete als Nationalparks geschützt, z. B. die Seen von La Mauricie, die Klippen von Forillon auf der Gaspé-Halbinsel, die Berge von Cape Breton Island oder die Fjorde von Gros Morne auf Neufundland. *www.pc.gc.ca*

CORNER BROOK

(🕮 1/E2) **Die nette Kleinstadt Corner Brook (20 000 Ew.) liegt im Westen der Insel Newfoundland an einem Fjord des St.-Lorenz-Stroms, der sich ins Land hineinwindet und in den hier der Humber River mündet.**

James Cook vermaß Newfoundland

Dass James Cook der Erste war, der in den 1770er-Jahren Newfoundland zum ersten Mal vermaß, daran erinnert heute noch eine lebensgroße Statue am Stadtrand auf einem Aussichtspunkt. Von hier eröffnet sich ein schöner Blick auf Wasser, Landschaft und Stadt. Einen Einblick in die Geschichte der Stadt gewinnen Sie im *Corner Brook Museum & Archives*, das in einem Gebäude beheimatet ist, in dem einst u. a. Post, Zoll und Telegrafenstation ansässig waren *(30. Juni–31. Aug. Mo–Fr 9–17, 1. Sept.–29. Juni Mo–Fr 10–12, 13–16.30 Uhr | Eintritt 5 $ | 2 West Street | cornerbrookmuseum.ca)*. Wer sich lieber in freier Natur bewegen möchte, kann den *Corner Brook Stream Trail (www.cbstream.com)* einschlagen, der entlang des Corner Brook Stream führt. Dieser ist zwar eher ein schmaler Fluss statt eines Stroms, bietet aber dennoch eine nette Kulisse für einen Spaziergang.

ZIELE IN DER UMGEBUNG

GROS MORNE NATIONAL PARK

Der von der UNESCO als Welterbe ausgezeichnete, 1805 km² große Park bewahrt die geologisch einzigartige Westküste Neufundlands mit ihren Fjorden und Tafelbergen. Das Discovery Centre in Woody Point erläutert die Naturgeschichte des Parks. Eine ★ Bootsfahrt auf dem *Western Brook Pond (Reservierung Tel. 709 4 58 20 16 | www.bontours.ca)*, einem 15 km langen Inlandsfjord, führt an 600 m hohen Klippen vorüber. 45 Minuten Fußweg sind es zum See – und oft sind unterwegs Elche zu beobachten. *Circa 85 km nördlich von Corner Brook*

HAVRE-SAINT-PIERRE

(🗺 1/C1) **Der Franzose Jacques Cartier war es, der als erster Europäer die Region am Ufer des St.-Lorenz-Stroms betrat, wo sich heute das Hafenstädtchen Havre-Saint-Pierre befindet.**

Nach ihm ist auch die Route Jacques-Cartier benannt, die von Québec City aus das Nordufer des St.-Lorenz-Stroms erschließt. Kreuzfahrtschiffe steuern den Hafen vor allem aufgrund der beeindruckenden Natur an, die sich unmittelbar vor der Küste auf dem Mingan-Archipel erstreckt. Ein Rundweg durch den Ort begleitet Sie in dessen Geschichte, von der Gründung im Jahr 1857 als Fischerort bis hin zu heutigen Zeiten, in denen Bergbau und Tourismus die Wirtschaft bestimmen.

ZIELE IN DER UMGEBUNG

MINGAN ARCHIPELAGO NATIONAL PARK RESERVE

Ebbe und Flut haben auf den mehr als 40 Inseln, die in einer lang gestreckten Kette vor der Küste liegen, bizarre Felssäulen aus dem weichen Kalkstein erodiert, besonders eindrücklich zu sehen auf der *Île Niapiskau* und der *Île Quarry*. Auf allen Inseln kann man zahlreiche Vogelkolonien beobachten, in den hier schon sehr salzigen Gewässern oft auch Wale.

In *Longue-Pointe* veranschaulicht ein großes *Centre d'Interprétation (im Sommer tgl. 9–17 Uhr | Eintritt 10 $ | www.rorqual.com)* die Lebensweise der Buckel-, Blau- und Finnwale. Die *park wardens* und mehrere Bootsfirmen bieten von Havre-Saint-Pierre aus halbtägige Touren zu den schönsten Felsformationen im zentralen Teil des Parks an *(Preise ab ca. 50 $ | www.pc.gc.ca)*.

Auf der *Île aux Perroquets* können Sie nicht nur Vögel beobachten, sondern in einer alten Leuchtturmstation in das Leben der einstigen Leuchtturmwärter eintauchen, während die *Île Nue de Mignan* mit ihrer kargen Landschaft einen ganz eigenen Reiz ausstrahlt. Deutlich vielfältiger präsentiert sich die *Île Quarry* mit Stränden, Mooren und Wäldern und einer entsprechend vielfältigen Fauna und Flora.

EKUANITSHIT

In diesem Dorf können Sie die Innu, die Ureinwohner, ihre Kultur, ihre Lebensweise und auch ihre traditionelle Medizin kennenlernen. Besonders beeindruckend: die hübsche Kirche, in deren Innerem Kunst der Innu präsentiert wird. *Circa 39 km westlich von Havre-Saint-Pierre*

FIRST NATIONS

Nicht Indianer und Eskimos – die Nachfahren der Ureinwohner Kanadas heißen heute politisch korrekt First Nations. Damit wollen die Kanadier anerkennen, dass die 617 Stämme des Lands lange vor den Weißen in dem weiten Land lebten. Ihre Vorfahren kamen während der Eiszeiten über die Beringstraße in den Norden Amerikas. Im Lauf der Jahrtausende entwickelten sich in den verschiedenen Landesteilen eigenständige Kulturgruppen. Mit der Besiedelung des Westens im 19. Jh. wurden die Indianer in Reservate abgedrängt. Nach Verbesserungen in der Gesundheitsversorgung leben heute rund 700 000 Indianer und 50 000 Inuit in Kanada.

SYDNEY

(🕮 1/D3) **Der Ort an der Ostküste von Cape Breton trägt, getreu dem historischen Erbe, auch einen gälischen Namen – Baile Shidni.**

Dem Provinznamen „Neuschottland" (Nova Scotia) wird diese Insel am ehesten gerecht. Dass sich hier schottische Einwanderer wohlgefühlt haben, kann man verstehen: Das karge Hochland und die umbrandeten Küsten ähneln den schottischen Highlands. Ab 1773 wanderten gut 25 000 Schotten ein. Auch heute noch ist Cape Breton Island eine der „reinsten" schottischen Enklaven: Dudelsäcke, das Tragen der Kilts zu besonderen Anlässen, Highland Games und die schottische Sprache des 18. Jh.s haben sich besonders im bergigen Hinterland gut gehalten.

Bis Mitte der 1990er-Jahre war die 1785 gegründete Stadt eigenständig, seitdem gehört Sydney zum Verwaltungsbezirk Cape Breton Regional Municipality. Noch immer aber ist Sydney, das im frühen 19. Jh. auch Hauptstadt von Cape Breton war, der größte Ort der Insel mit mehr als 25 000 Einwohnern.

Einst von der Stahlindustrie und dem Bergbau geprägt, ist Sydney heute ein beliebter Ausgangspunkt für die Erkundung von Cape Breton. Maßgeblich dazu beigetragen hat der Hafen, in dem zahlreiche Schiffe anlegen. Schiffsreisende werden direkt bei der Ankunft von einem Kuriosum begrüßt: Vor dem *Joan Harriss Cruise Pavilion* erhebt sich mit imposanten 18 m Höhe INSIDER TIPP die größte Geige der Welt. Gleich zwei kleine Museen haben sich der lokalen Geschichte verschrieben. Das *Cossit House Museum (1. Juni–15. Oktober | Eintritt 2 € | 75 Charlotte St | cossithouse.novascotia.ca)* befindet in einem der ältesten Häuser von Sydney aus dem späten 17. Jh., das *Jost House Museum (1. Juni–1. Sept. Mo–Sa 9–17, 2. Sept.–31. Okt. Mo–Sa 10–16 Uhr, immer geöffnet, wenn Kreuzfahrtschiffe im Hafen liegen | 54 Charlotte St)*, datiert ebenfalls aus dieser Epoche. Sein Inneres bietet u. a. einen Einblick in das viktorianische Leben und zeigt Regionalia. Ebenfalls aus der Gründungszeit Sydneys datiert der Wentworth Park im Stadtzentrum.

ESSEN & TRINKEN

CROWN & MOOSE PUB

Hier vergisst man fast, dass man sich auf dem nordamerikanischen Kontinent befindet, der Pub verströmt britisches Flair und natürlich gibt es hier auch Fish & Chips. *Tgl. 11–0 Uhr | 300 Esplanade | €–€€*

KIJU'S

Einflüsse aus zahlreichen Küchen der Welt verschmelzen hier mit frischen Zutaten aus der Region zu einem breiten Angebot, das von Salaten wie dem klassischen Caesar Salad über deftige Burger und kleine Pub-Gerichte bis hin zu Hummer und Steak reicht. *So–Do 11–21, Fr, Sa 11–22 Uhr | 50 Maillard Street | €–€€€*

ZIELE IN DER UMGEBUNG

CAPE BRETON MINERS MUSEUM

Das Miners Museum von Cape Breton liegt an der Ostküste der Insel, gut 20 km östlich von Sydney. Hier wird mit zahlreichen Exponaten die jahrhundertelange Geschichte des Kohlebergbaus in Nova Scotia gewürdigt, der bereits zu Beginn des 18. Jh.s aufgenommen wurde. Zu den besonderen Erlebnissen gehört INSIDER TIPP ein Besuch in der unter dem Museum gelegenen Mine, durch die ehemalige Bergleute führen und fachkundig über die anstrengende Arbeit unter Tage berichten. *Circa 22 km nordöstlich von Sydney*

FORTRESSE DE LOUISBURG

Exerzierende Soldaten, schachernde Pelzhändler und regierende Adlige – ein exaktes Abbild vom Leben im Jahr 1744. Die Liebe zum „unverfälscht" Historischen geht hier sogar so weit, dass man in den beiden Restaurants der Museumsstadt nach Rezepten aus dem 18. Jh. kocht. *Im Sommer tgl. 9.30–17 Uhr | Eintritt 18 $ | Louisbourg (ca. 35 km südöstlich von Sydney)*

BADDECK

(🕮 1/D3) **Baddeck ist eine freundliche Kleinstadt (770 Ew.) am Nordufer des 70 km langen Bras d'Or Lake, einem weit verzweigten und nur durch zwei enge Zugänge mit dem Atlantik verbundenen Binnenmeer.**

Die frühesten Bewohner waren Mi'kmaq, Angehörige des Wabenaki-Stammes, der an der Ostküste Kanadas und der USA beheimatet ist. Die ersten Europäer in der Region waren Franzosen; im späten 18. Jh. wurde Baddeck britisch.

Das Städtchen ist nicht nur ein beliebter Ferienort, sondern auch bester Ausgangspunkt für eine Rundfahrt auf Cape Breton, bei der Sie viel Geschichte und spektakuläre Natur erleben.

SEHENSWERTES

GRAHAM BELL NATIONAL HISTORIC SITE

Alexander Graham Bell, der Erfinder des Telefons, besaß ab 1886 in Baddeck ein Sommerhaus. Die Alexander Graham Bell National Historic Site erinnert an den berühmten Erfinder. Ausgestellt sind u. a. der Nachbau eines von ihm erdachten Tragflügelbootes und ein Doppeldeckerflugzeug.

Superlativ: die weltgrößte Geige in Sydney

ZIELE IN DER UMGEBUNG

CAPE BRETON HIGHLANDS NATIONAL PARK

Gut 90 km nördlich von Baddeck liegt der Cape Breton Highlands National Park, ein echtes Naturerlebnis mit atemberaubender rauer Natur und spektakulären Ausblicken auf das Meer.

CHÉTICAMP

Der kleine Ort ist eine Enklave der Akadier. Ihre Vorfahren, französische Siedler aus Nova Scotia und New Brunswick,

ALEXANDER GRAHAM BELL

Was Edison für die USA bedeutete, war Alexander Graham Bell (1847–1922) für Kanada. Der in Schottland geborene Bell legte in Ontario den Grundstein für seine Berühmtheit – mit der Erfindung des Telefons 1875. Seine Bell-Telefongesellschaft lebt bis heute als Telekom-Gigant AT & T fort. Seit 1886 experimentierte Bell in Nova Scotia auf dem Gebiet der Medizin, Luftfahrt und Seetechnik, entwickelte die eiserne Lunge und spezielle Unterrichtsmethoden für Gehörlose – ein persönliches Anliegen, denn seine Mutter und seine Frau waren beide taub.

flüchteten 1755 vor den Engländern in diese unwirtliche Region. Im *Les Trois Pignons*, einem Besucherzentrum und Museum *(Mitte Mai–Mitte Oktober 8.30–17, Juli, August bis 18 Uhr | 15584 Cabot Trail | Chéticamp | www.lestroispignons.com)* können Sie ihr traditionelles Kunsthandwerk bewundern und erfahren viel Wissenswertes über das Leben der damaligen Siedler. *Circa 88 km nordwestlich von Baddeck*

HIGHLAND VILLAGE MUSEUM ★

Eine Zeitreise in die Lebenswelt der Schotten, die vor allem im 18. und 19. Jh. nach Kanada einwanderten, ermöglicht das Highland Village Museum in Iona, südwestlich von Sydney gelegen. Auf einer Fläche von über 170 000 m² dokumentieren elf Gebäude, wie die Menschen in Nova Scotia damals lebten. Historisch gekleidete Mitarbeiter zeigen alte Handwerkskünste wie Schmieden oder Weben, Farmleben wird mit Tieren und Gärten lebendig. *Anfang Juni–Mitte Oktober tgl. 10–17 Uhr | Eintritt 11 $ | 4119 Highway 223, Iona, ca. 52 km südlich von Baddeck | highlandvillage.novascotia.ca*

ST. ANN'S

Nordöstlich von Baddeck liegt St Ann's. Hier werden gälische Geschichte und Traditionen der schottischen Einwanderer am Leben erhalten: Im *Gaelic College of Celtic Arts and Crafts*, der einzigen Ausbildungsstätte ihrer Art in Nordamerika, kann man im Sommer die gälische Sprache, das Dudelsackpfeifen und das Kilt-Nähen erlernen. Das dazugehörige *Great Hall of the Clans Museum (Mitte Mai–Anfang Oktober Mo–Fr 9–17 Uhr | Eintritt 8 $)* informiert über die Geschichte und Kultur der schottischen Einwanderer. *51779 Cabot Trail, St. Ann's | gaeliccollege.edu | ca. 20 km nordöstlich von Baddeck*

HALIFAX

(🕮 1/C3) **Die Hauptstadt Nova Scotias (425 000 Ew.) ist nicht nur das wirtschaftliche und kulturelle Zentrum dieser Provinz, sondern auch der ganzen Atlantikregion Kanadas. Aufgrund ihrer hübschen Parkanlagen wird sie auch liebevoll „City of the Trees" genannt.**
Vor allem ist sie aber, wie ein Blick über den gut 25 km langen Naturhafen mit den zahllosen Handels- und Kriegsschiffen zeigt, eine werktags hart arbeitende Hafenstadt, die dafür freitag- und samstagabends richtig zu feiern versteht. So gibt es – recht ungewöhnlich für Kanada – in der Innenstadt ein reges Nachtleben. Nicht zuletzt sind es die Studenten der fünf Universitäten, die der Stadt ein junges Image geben.
Dabei ist Halifax auch auf sein Alter und seine historischen Sehenswürdigkeiten stolz. Die Engländer wählten die eisfreie, strategisch günstig gelegene Bucht bereits 1749 als Stützpunkt und gründeten auf dem steilen Hügel über dem Hafen ein Fort – Keimzelle für eine reiche Handelsstadt. Benannt wurde die Stadt nach dem Earl of Halifax, George Dunk-Montague, dem Präsidenten der damaligen britischen Behörde „für Handel und Pflanzungen". Von der Festung wurde nie ein Schuss abgefeuert, doch von hier liefen während der beiden Weltkriege die Schiffskonvois nach England aus.

SEHENSWERTES

HALIFAX CITADEL

Die 1828–56 erbaute Festung in beherrschender Lage über der Innenstadt ist heute Militärmuseum, die Town Clock mit ihren vier Zifferblättern das Wahrzeichen von Halifax. *Im Sommer 9–18, sonst bis 17 Uhr | Eintritt 12 $, Nebensaison 8 $*

HARBOUR FRONT

Einst gehörten die Lagerhäuser und Piers entlang der Lower Water Street den *pri-*

Viktorianische Gartenkunst mitten in der Stadt

vateers, den Piraten des Königs, die hier ihre Beute lagerten. Heute drängeln sich in dem liebevoll restaurierten Hafenviertel Boutiquen und Lokale. Besonders gelungen: die *Historic Properties* mit ihren engen Gassen und Lagerhäusern des 19. Jh.s.

Historisches trifft Modernes an der Harbour Front

INNENSTADT

Der historischer Mittelpunkt der City ist die Grand Parade, eine kleine Parkanlage, flankiert vom Rathaus und der St. Paul's Church von 1750, der ältesten anglikanischen Kirche Kanadas. Weiter hangabwärts liegt das in elegantem georgianischen Stil erbaute Province House (1818), der Parlamentssitz von Nova Scotia. Ein guter Ausgangspunkt für einen Stadtrundgang sind die sogenannten INSIDER TIPP *Historic Properties* beiderseits der Lower Water Street. Hier lassen Kopfsteinpflaster und enge Gassen die große Zeit der Windjammer wieder aufleben, hier wird die Erinnerung an dunkle Seefahrerspelunken und die berüchtigten *press gangs* lebendig. Man flaniert zwischen restaurierten Lagerhäusern aus dem 19. Jh. und renovierten Holzkonstruktionen, die heute nette Geschäfte und Lokale beherbergen.

MARITIME MUSEUM

Hier erfahren Sie Interessantes zur Geschichte der Segel- und Dampfschifffahrt im Nordatlantik. Hauptanziehungspunkt sind vor allem die zahlreichen INSIDER TIPP Relikte der „Titanic", die Sie hier bestaunen können. *Tgl. 9.30–17.30, Di bis 20, sonst Di–Sa 9.30–17, So 13–17 Uhr | Eintritt 9,55 $ | 1675 Lower Water St. | maritimemuseum.novascotia.ca*

PIER 21 – CANADA'S IMMIGRATION MUSEUM

Von 1928 bis 1971 war dieser Teil des Hafens das wichtigste Tor nach Kanada für europäische Einwanderer, Flüchtlinge, Verfolgte und aus den beiden Weltkriegen heimkehrende Truppen. Insgesamt etwa 1 Mio. Menschen gingen hier an Land. Ihre dramatischen Geschichten werden im Museum in den Ziegelhallen der Pier 21 nacherzählt. Hier erlebt man u. a. auch in Nachbildungen hautnah die beengten Verhältnisse der Schiffsüberfahrt. *Im Sommer tgl. 9.30–17.30, sonst Di–Sa 10–17 Uhr | Eintritt 13 $ | 1055 Marginal Rd. | pier21.ca*

PUBLIC GARDENS

Eine Reise in die Zeit der viktorianischen Garten- und Parkgestaltung lässt sich in den Public Gardens im Zentrum von Halifax unternehmen. Der 1867 angelegte, knapp 65 000 m^2 große Park besticht mit nicht nur mit seinen Brunnen, den zahlreichen Statuen und dem Musikpavillon. Auch die sorgsam und liebevoll angelegten Blumenrabatten sowie die aufwendig gestalteten schmiedeeisernen Zäune und Tore erinnern an den Stil zu Zeiten Königin Victorias.

ZITADELLE

Auf dem Hügel über dem Zentrum wurde 1749 das erste Palisadenfort errichtet; die heutige sternförmige Festung ist die vierte an dieser Stelle und wurde 1856 fertiggestellt. Auf dem Paradeplatz wird in der Hauptreisezeit INSIDER TIPP „Living History" in Uniformen des 19. Jh.s geboten. Besichtigen kann man Wehrgänge und Kasematten sowie restaurierte Mannschafts- und Offiziersunterkünfte. Hervorragend gemacht ist die Multimediashow „Tides of History" zur Stadtgeschichte.

ESSEN & TRINKEN

SALTY'S ON THE WATERFRONT

Gute Adresse für Lachs und lobster: Im Obergeschoss wird fein diniert mit Hafenblick, unten erhalten Sie Frühstück und Lunch. *Historic Properties | 1877 Upper Water St. | Tel. 902 4 23 68 18 |* €€–€€€

THE WOODEN MONKEY

Nur regionale, makrobiotische Produkte kommen in die Gerichte dieses beliebten Lokals in der Altstadt. Super Blaubeer- und Apfelkuchen mit Ahornsirup. *1707 Grafton St. | Tel. 902 4 44 38 44 |* €–€€

EINKAUFEN

Galerien, Souvenirs, indianisches Kunsthandwerk und nautischen Nippes finden Sie in den *Historic Properties*, Kunsthandwerk made in Nova Scotia im *Centre for Craft and Design (1061 und 1096 Marginal Rd.)*. Täglich am Hafen: ein *farmer's market (Marginal Rd.)* mit Regionalprodukten und Kunsthandwerk.

ZIEL IN DER UMGEBUNG

PEGGY'S COVE

Ein malerischer Leuchtturm auf wellenumtosten, glatt geschliffenen Granitklippen an der Küste, dazu bunte Fischerhäuschen und farbige Kutter – der winzige Ort, ca. 45 km südwestlich von Halifax, gilt als hübschester Fischerhafen.

MIT KINDERN

Im *Discovery Centre* gibt es viel Technik und zahlreiche Experimente zum Ausprobieren und im Dome Theatre zudem noch spannende Einblicke in den Sternenhimmel. *Tgl. 10–17, Mi bis 20 Uhr | Eintritt 12 $, Kinder 10 $ (Dome Theatre zusätzlich 2 $) | 1593 Barrington St. | discovery centre.ns.ca*

SAINT JOHN

(🕮 1/C3) **Saint John – der Stadtname wird immer voll ausgeschrieben (wer sich nicht daran hält, wird von Einwohnern flugs darauf hingewiesen, dass St. John's in Newfoundland liegt) – ist nicht nur die größte Stadt der Provinz New Brunswick, sondern auch deren wichtigster Hafen und industrielles Zentrum.** Zwar gründeten schon die Franzosen zu Beginn des 17. Jh.s einen Handelsposten an der Stelle des heutigen Saint John, doch wird erst das Jahr 1783 als eigentliches Stadtgründungsjahr angesehen. Im Mai 1783 ließen sich 3000 Loyalisten in Saint John nieder. Beinahe über Nacht verdoppelte sich die Bevölkerungszahl, wurde aus dem kleinen, ehemals akadischen Handelsposten eine von Briten geprägte „Boom Town". Im 19. Jh. galt Saint John als das „amerikanische Liverpool", ein Prädikat, das die Stadt der florierenden Werftindustrie und den vielfältigen Handelsbeziehungen zu verdanken hatte. Das auf einer Halbinsel im Mündungstrichter des Saint John River angelegte Stadtzentrum ist relativ klein und leicht zu erkunden. Wer keines der historisch bedeutsamen Bauwerke auslassen möchte, folgt dem ★ 5 km langen *Loyalist Trail* ab Market Square. Eine Zeitreise: Im INSIDER TIPP *Barbour's General Store* kann man stöbern und einkaufen wie im 19. Jh., das Lädchen bietet ein typisches Warenangebot aus der Zeit um 1860.

Frisches aus der Region im Old City Market

SEHENSWERTES

NEW BRUNSWICK MUSEUM

Das New Brunswick Museum ist, ebenso wie die alten restaurierten Lagerhallen am Hafen, integriert in den *Market Square*. Es ist das älteste Museum Kanadas. Vielerlei interessante Exponate, an die 2700 Stück, beleuchten die historische Entwicklung der Provinz; eine naturwissenschaftliche Abteilung gehört ebenfalls dazu. Den Besucher erwarten zudem unter anderem Ausstellungsstücke zur Geschichte der Seefahrt und des Militärs. *Tgl. Mo–Mi, Fr 9–17, Do 9–21, Sa 10–17, So 12–17 Uhr (1. Nov.–15. Mai Mo geschl.) | Eintritt 10 $ | Market Square | www.nbm-mnb.ca*

OLD CITY MARKET

Den eigentlichen Mittelpunkt der Stadt bildet der *King Square* mit seinen gepflegten Grünanlagen. In einem großen Backsteingebäude befindet sich der *Old City Market*; praktisch alles, was in New Brunswick produziert wird, wird hier zum Verkauf angeboten. Wie wäre es zum Beispiel mit *dulse*? Der essbare Seetang enthält reichlich Jod und Eisen und wird gern Suppen zugefügt. Als Nachfolger früherer Markthallen wurde das heutige Gebäude im Jahr 1976 eröffnet.

REVERSING FALLS

Die größte Attraktion von Saint John sind die Reversing Falls Rapids im Südwesten der Stadt. Zweimal am Tag, wenn die Flut den Wasserspiegel in der *Bay of Fundy* ansteigen lässt, kann man zuschauen, wie das hereindrängende Meerwasser den Saint John River „zwingt", rückwärts wieder ins Land hineinzufließen. Von zwei Aussichtspunkten direkt an der Brücke und von einem Felssporn weiter nördlich hat man einen schönen Blick auf das Naturschauspiel.

ZIEL IN DER UMGEBUNG

HOPEWELL ROCKS ★

Etwa 180 km nordöstlich von Saint John liegt das *Hopewell Cape* an der Fundy Bay. Der weltweit höchste Tidenhub mit ca. 15 Metern verwandelt die von den Gezeiten bizarr geformten Felsnadeln der *Hopewell Rocks* im Rocks Provincial Park in ein faszinierendes Naturschauspiel. Bei Flut vom Meer umspült, erscheinen sie wie kleine Inseln, während man bei Ebbe problemlos zwischen ihnen auf dem Grund des Ozeans spazieren kann.

INNOVATIV

Telefon, Streichholz, Reißverschluss – hätten Sie gedacht, dass all dies aus Kanada stammt? Doch die Kanadier haben noch mehr erfunden: Typisch kanadische Entwicklungen waren die des Schneemobils oder des Mähdreschers. 1879 brachten die gewaltigen Dimensionen Westkanadas den Bahningenieur Sanford Fleming dazu, die Erde in 24 Zeitzonen einzuteilen. Weltweit bedeutend wurden auch medizinische Neuerungen: Der aus Ostkanada stammende Frederick Banting und der Amerikaner Charles Best entwickelten 1929 den Diabeteswirkstoff Insulin und der Ingenieur John Hopps 1951 den ersten Herzschrittmacher. Heute sind kanadische Forscher in der Aids- und Genforschung an vorderster Front dabei.

CHARLOTTE-TOWN

(1/C-D3) **Die Hauptstadt von Prince Edward Island liegt an einem Naturhafen an der Südküste der Insel. In die Geschichte eingegangen ist sie als „Canada's Birthplace", denn hier wurde nach einer Konferenz 1864 der heutige Staat Kanada aus der Taufe gehoben.**

Die kleinste Provinzhauptstadt Kanadas liegt auf einer Landzunge zwischen York River und Hillsborough River (bzw. North und East River) in einer geschützten Bucht, der westlichen Erweiterung der Hillsborough Bay. Charlottetown hat einen ★ nahezu unversehrten historischen Kern mit hübschen kolonialzeitlichen und viktorianischen Gebäuden, gepflegten alten Villen, einigen hübschen Fachwerkhäusern sowie mit einem großen Baumbestand und weitläufigen Alleen. An die Gründungszeit des Staates Kanada erinnert das 1964 eröffnete INSIDER TIPP Kulturzentrum. Im Foyer symbolisiert ein von den USA gestiftetes Kunstwerk mit den Wappen aller kanadischen Provinzen und Territorien die kanadische Konföderation. Neben dem Confederation Centre befindet sich das Province House, der „Geburtsort von Kanada". Das dreistöckige, im georgianischen Stil errichtete Sandsteingebäude wurde von 1843 bis 1847 als Amtsgebäude der Kolonialregierung errichtet.

SEHENSWERTES

BEACONSFIELD HISTORIC HOUSE

Einen Besuch lohnt Beaconsfield Historic House am Anfang der Kent Street. Die im Jahr 1877 nach Plänen von W. C. Harris erbaute Villa ist ein ★ hervorragendes Beispiel für viktorianische Architektur. Auch zahlreiche Exponate und Einrichtungsgegenstände lassen den Zeitgeist lebendig werden. Mit seinen mehr als zwei Dutzend Zimmern ist das für den wohlhabenden Schiffsbauer James Peake und dessen Gemahlin Edith Haviland Beaconsfield errichtete Gebäude eines der luxuriösesten der Insel. *Mai, Sept., Okt. Mo–Fr 10–16 (an Wochenenden geöffnet, wenn Kreuzfahrtschiffe anlegen), Juni Mo–Fr 10–16, Juli, Aug tgl. 10–16, Nov.–Apr. 12–16 Uhr | Eintritt 5 $ | www.peimuseum.ca*

POINT PRIM LIGHTHOUSE

Südlich von Charlottetown, auf der anderen Seite der Hillsborough Bay, schickt der älteste Leuchtturm auf Prince Edward Island sein helles Licht über das Meer hinaus. Der runde, weiß gestrichene Ziegelsteinturm mit roter Plattform und Haube wurde im Jahr 1845 erbaut; bis 1969 versahen Leuchtturmwärter hier noch ihren Dienst. Von der Plattform in gut 18 m Höhe hat man einen ★ wunderschönen weiten Blick über die Hillsborough Bay und die Northumberland Strait. *Juli, Aug., Sept. tgl. 10–18 Uhr | Eintritt 6 $ | 2147 Point Prim Rd, Belfast | pointprimlighthouse.com*

ROCKY POINT & FORT AMHERST

An der Spitze der südlich von Charlottetown weit in die Hillsborough Bay hineinragenden Landzunge liegt Rocky Point, von jeher ein strategisch wichtiger Punkt zur Verteidigung der Inselmetropole. Die Franzosen gründeten hier in den 1720er-Jahren den Hafen Port la Joye, der 1758 von den Briten eingenommen wurde. Diese wiederum errichteten Fort Amherst, das allerdings 1768 wieder aufgegeben wurde. Die Reste des Forts befinden sich heute inmitten der Skmaqn-Port-la-Joye–Fort Amherst National Historic Site. Von hier aus eröffnet sich ein schöner Blick bis hin zum Hafen von Charlottetown.

ZIEL IN DER UMGEBUNG

GREEN GABLES HOUSE

In der Umgebung von Cavendish spielt der nicht nur in der anglophonen Welt bekannte Roman „Anne of the Green Gables" von Lucy Maud Montgomery, der die Geschichte des kleinen rothaarigen, sommersprossigen Waisenmädchens Anne Shirley erzählt. Das Green Gables House liegt ca. 40 km nordwestlich von Charlottetown am Highway 6. Das im viktorianischen Stil errichtete Holzhaus, in dem Lucy Maud Montgomery ihre Heldin aufwachsen ließ, ist Wallfahrtsort für Anne-Anhänger aus aller Welt. Für richtige Anne-of-Green-Gables-Fans gibt es neben dem Green Gables House noch einen Wallfahrtsort: das Anne of Green Gables Museum an der Route 20, ca. 53 km nordwestlich von Charlottetown. *Green Gables House: Mai–Okt. tgl. 9–17 Uhr | Eintritt 7,80 $ | 8619 Cavendish Rd.; Anne of Green Gables Museum: Mai, Okt. tgl. 11–16, Juni, Sept. tgl. 10–16, Juli, Aug. 9–17 Uhr | Eintritt 6 $ | 4542 Route 20 Park Corner | www.annemuseum.com*

SAGUENAY

Die am gleichnamigen Fluss gelegene Stadt ist jung, sehr jung sogar, denn sie entstand erst im Jahr 2002 durch

die Zusammenlegung von vier Städten (Chicoutimi, La Baie, Jonquiére und Laterrière) sowie mehrerer Gemeinden. Kreuzfahrtschiffe laufen den Hafen vor allem wegen der spektakulären Landschaft an: In einem von Gletschern tief herausgeschürften Fjordtal strömt der Fluss Saguenay vom Lac Saint-Jean zum St. Lawrence. Nahe der Flussmündung bei Tadoussac sammeln sich im Sommer und Herbst Beluga- und Blauwale, die bei speziellen Waltouren beobachtet werden. Weiter flussaufwärts im 300 km² großen *Parc du Saguenay* ragen um die *Baie Éternité* steile Felsen bis 400 m hoch auf, die fantastische Aussichten bieten. Am oberen Ende des Fjords liegt der Handelshafen der früheren Stadt *Chicoutimi*. Um 1920 stand hier das größte Zellulosewerk der Welt.

Der Ursprung des Flusses Saguenay, der Lac Saint-Jean, ist ein fast kreisrunder Restsee aus der letzten Eiszeit mit 1300 km² Fläche, der zudem mit schönen Stränden aufwartet. Im Sommer reifen in den Wäldern rings um den See die Blaubeeren – sollten Sie in dieser Jahreszeit auf Ihrer Kreuzfahrt hier haltmachen, probieren Sie hier unbedingt die berühmten Blaubeertorten!

SEHENSWERTES

MUSÉE DU FJORD

Multimedial aufbereitet erfahren Sie viel Wissenswertes zum Lebensraum Fjord. Besonders spannend, auch für Kinder: das 53 000-l-Fjordaquarium, denn hier kann man Fische nicht nur beobachten, sondern die Meeresbewohner auch im sogenannten *touch pool* anfassen. *2. Sept.–23. Juni Di–Fr 9–16.30, Sa, So, Fei 13–17, 24. Juni–1. Sept. tgl. 9–18 Uhr | Eintritt 16 $ | 3346, boulevard De la Grande-Baie Sud | museedufjord.com*

Seit über 170 Jahren im Dienst: der Point-Prim-Leuchtturm

CRAFTSMAN ROAD

Verschiedene Kreuzfahrtlinien bieten Ausflüge zu (Kunst-)Handwerk entlang der *Craftsman Road* an, z. B. zur Glasbläserwerkstatt *Touverre (Mo–Sa 9.30–17 Uhr | freier Eintritt | 3205 boulevard Grande-Baie Sud | touverreen.weebly.com)*, zur Käserei *La Fromagerie Boivin (2152 Chemin St-Joseph | www.fromagerieboivin.com)* oder zur Alpakafarm *Alpaga Bersi (2022, boulevard Ste-Geneviève | www.alpagabersi.ca)*.

ZIEL IN DER UMGEBUNG

SAGUENAY–ST. LAWRENCE MARINE PARK ★

Hier tummeln sich verschiedene Walarten von Finn- über Mink- bis hin zu Buckelwalen, und mit Glück sehen Sie sogar einen gewaltigen Blauwal. *Circa 130 km östlich von Saguenay | parcmarin.qc.ca*

QUÉBEC CITY

Gepflasterte, winkelige Gassen, steinerne Stadttore und trutzige Bastionen – die mittelalterlich wirkende Altstadt von Québec City ist einzigartig in Kanada. Die vielen amerikanischen Touristen sind entzückt von so viel historischem Charme. Und die an der Mündung des St. Charles in den St. Lawrence liegende Hauptstadt (810 000 Ew. im Großraum) der Provinz Québec kann tatsächlich mit einer langen Geschichte aufwarten – eine Seltenheit im jungen Kanada. 2008 feierte die Stadt mit großem Tamtam ihre Gründung vor 400 Jahren durch Samuel de Champlain. Schon im 17. Jh. war Québec das kulturelle und wirtschaftliche Zentrum der Kolonie Neufrankreich. 1763 fiel es in die Hände der Engländer, doch der französischen Lebensart ist sie bis heute treu geblieben. Für den schönsten Blick auf die Stadt müssen Sie aufs Wasser: zu einer Hafenrundfahrt, die den alten Hafen der Stadt wie auch den hier 800 m breiten St. Lawrence erkundet. Wieder an Land können Sie die kompakte Altstadt gut zu Fuß erobern.

SEHENSWERTES

CATHÉDRALE NOTRE-DAME *(3/C3)*

Die Basilika, nach einem Brand 1922 wieder aufgebaut, wurde 1643 als älteste Pfarrkirche Nordamerikas errichtet. Viele Pioniere Neufrankreichs sind in der Krypta begraben. *Im Sommer tgl. 7–19, So ab 8 Uhr (Führungen) | 16, rue Buade*

LA CITADELLE *(3/B-C3-4)*

Über 30 Jahre dauerte der Bau dieser sternförmigen Festung auf dem 110 m hohen Cap aux Diamants. Die weiten Wiesen davor waren 1759 Schauplatz der entscheidenden Schlacht zwischen den Franzosen und den Engländern um die Vorherrschaft in Amerika. Führungen und Militärmuseum, abends auch Laternentouren mit Gruseleffekt. *Im Sommer*

Blick von der Zitadelle auf die Altstadt von Québec

tgl. 9–17 Uhr, Wachwechsel im Sommer tgl. 10 Uhr, Zapfenstreich im Juli/Aug. Mi 17 Uhr in der Zitadelle | Eintritt 16 $ | Eingang von der Rue St-Louis

HAUTE VILLE & BASSE VILLE ★ *(3/A4)*

Auf einer schmalen Uferterrasse am St. Lawrence liegt die *Basse Ville*, wo Samuel de Champlain das erste kleine Fort der Franzosen errichtete. In den alten Häusern an der Rue de Petit-Champlain und um die Place Royale mit der Kirche *Notre-Dame-des-Victoires* (1688) haben Galerien, Cafés und Souvenirläden Einzug gehalten. Dieser Teil der Altstadt steht als Kulturdenkmal zudem unter UNESCO-Schutz. Plaketten erläutern, wo das erste Lagerhaus des Pelzhändlerforts stand und andere Bauten Champlains. Häufig sind im Inneren der Gebäude noch alte Mauern und Gewölbe erhalten. Wahrzeichen der auf steiler Klippe thronenden Haute Ville ist das prächtige, 1924 fertiggestellte Hotel *Le Château Frontenac*, unter dessen Kupferdächern schon Präsidenten und Könige schliefen. Drumherum drängen sich, von der Stadtmauer umschlossen, die Gassen der Altstadt: die quirlige *Place d'Armes*, die Aussichtspromenade Terrasse Dufferin und die Rue St-Louis mit vielen Häusern aus dem 17. Jh.

OUI UND YES

Kein Zweifel, Kanada ist zweisprachig. Die Milchtüte im Supermarkt, die Wanderkarte im Nationalpark, das Einreiseformular der Zollbehörde – überall ist die Aufschrift in Englisch und Französisch gehalten. Rund 60 Prozent der Kanadier sprechen Englisch, knapp 30 Prozent Französisch als Muttersprache. Doch die Verteilung ist nicht gleichmäßig: In den Atlantikprovinzen, in Ontario und im Westen hört man fast ausschließlich Englisch, in Québec fast nur Französisch. In der Regel kommt man mit Schulenglisch aus, denn viele Kanadier sind heute zweisprachig und geben sich mit ihren Gästen viel Mühe. Schwieriger ist das in Québec, denn das Québécois geht auf alte normannische und bretonische Dialekte zurück – und weist zum modernen Französisch allerlei Unterschiede auf. Es klingt rauer, altertümlicher. Auch der Wortschatz variiert: Auto (frz.: voiture) z. B. heißt in Québec le char, einkaufen (faire des courses) heißt magasiner, und Trinkgeld (pourboire) bezeichnet man in Québec ganz amerikanisch als tip.

MUSÉE DE LA CIVILISATION *(3/C-D2)*

Wechselnde Ausstellungen zur Kulturgeschichte Québecs in einem spektakulären Museumsbau. *Di–So 10–17 Uhr | Eintritt 16 $ | 85, rue Dalhousie | www.mcq.org*

MUSÉE NATIONAL DE BEAUX-ART DU QUÉBEC ★

Eine umfassende Chronologie des Kunstschaffens in der Provinz: Gemälde, Skulpturen und typisches Kunsthandwerk. Dazu eine neue, hervorragende Ausstellung zur Kunst der Inuit und eine sehenswerte Skulptur von David Moore im alten Gefängnisturm. *Tgl. 10–18, Mi bis 21, im Winter bis 17 Uhr und Mo geschl. | Eintritt 20 $ | 179, Grande Allée Ouest | www.mnbaq.org*

PARC DE L'ARTILLERIE *(3/B3)*

Hier sind Ausstellungen zur Stadtbefestigung zu sehen, ebenso ein großes

Modell Québecs von 1808. *Tgl. 10–17 Uhr, Okt.–März geschl. | Eintritt 4 $ | 2, Rue d'Auteuil*

ESSEN & TRINKEN

TAVERNE LOUISE *(📖 3/C2)*
Französisch inspirierte Küche, serviert in einem alten Gemäuer; auf der Karte stehen u. a. Fisch, Meeresfrüchte und Steak. *48, rue St-Paul | Tel. 418 7 80 72 55 |* €–€€

INSIDER TIPP **NOCTEM ARTISANS BRASSEURS** *(📖 3/A2)*
Cooles Dekor, einfallsreiche Québecer Küche und selbst gebraute Designerbiere: So muss ein Lokal im schicken Trendviertel *St Roch* am Nordrand der Altstadt aussehen. *438, rue du Parvis | Tel. 581 7 42 79 79 |* €€

INSIDER TIPP **SAGEMITÉ**
Sehr gutes indianisches Lokal mit Bio-Philosophie in den Hügeln am Stadtrand. Viele Wildgerichte und Regionalprodukte; dazu gehört u. a. auch ein indianisches Museum. *10, Blvd. Bastien | Wendake | Tel. 418 8 47 69 99 |* €€

POUTINE

Im englischsprachigen Kanada gibt es Hamburger, Hotdogs und Fritten an jeder Ecke. Die Québecer dagegen sind stolz auf ihre vom gallischen Mutterland beeinflusste Küchentradition und ihre Haute Cuisine. Doch ihr heimliches Nationalgericht ist *poutine*: ein Mix aus Pommes frites mit Schmelzkäse, übergossen mit Bratensauce. Aus den krossknackigen Pommes wird so im Handumdrehen ein eigentümlicher, fetttriefender Matsch. Bon appétit!

ZIEL IN DER UMGEBUNG

CÔTE DE BEAUPRÉ
Ihr Schiff legt länger als nur einige Stunden in Québec an und Sie möchten etwas von der Umgebung sehen? Warum nicht ein Auto mieten und sich auf die Avenue Royale, die „Straße des Königs", begeben? Die Route 360 führt Sie zum geschichtsreichen Nordufer des St. Lawrence. Das im normannischen Stil 1673 erbaute *Bellanger-Girardin-Haus* in Beauport verdient einen Stopp ebenso wie die 83 m hohen Wasserfälle Montmorency. Vom *Manoir Montmorency (Tel. 418 6 63 33 30 |* €€), einem Restaurant mit Québecer Küche, oberhalb der Fälle haben Sie einen schönen Blick. Und die Geschichte der Region dokumentiert das in einer Mühle von 1695 untergebrachte Besucherzentrum in *Château-Richer (7007, ave. Royale)*. Der berühmteste Wallfahrtsort von Nordamerika ist *Ste-Anne-de-Beaupré*. Im Untergeschoss der 1923 vollendeten Basilika der hl. Anna, Patronin der Seefahrer, zeugen zahllose abgelegte Krücken von den Wundern des Wallfahrtsorts. Nahebei überspannt im *Canyon Ste-Anne* eine Hängebrücke die tiefe Klamm, und am *Cap Tourmente* machen im September 300 000 Schneegänse Station auf dem Weg nach Süden.

ESSEN & TRINKEN

Kanadas kulinarische Reize liegen in der Vielfalt der Zutaten und Rezepte der Einwanderer

Es gibt kein kanadisches Nationalgericht. Zu unterschiedlich waren die Einwanderergruppen, die aus allen Kontinenten hierherkamen, zu groß war das Land. So macht die ***Vielfalt der Spezialitäten*** bis heute den Reiz der multikulturellen Essensfreuden in Ostkanada aus. In Montréal können Sie französisch, portugiesisch, jüdisch-koscher speisen oder im Bistro an der Ecke sitzen – ganz wie in Paris. Daneben fehlen aber nicht die Gerichte, für die das Land bekannt ist: Steaks aus Alberta (mit Folienkartoffel und einem zarten, in Butter geschwenkten Maiskolben), *lobster* von der Atlantikküste und frischer Lachs in allen Variationen aus dem Pazifik oder Atlantik. Ein eigenes Kapitel verdient die Küchenkunst Québecs. Die Provinz ist seit Jahrhunderten der kulinarische Nabel Kanadas. Die Einwanderer aus der Normandie und der Bretagne brachten ihre heimatlichen Rezepte mit in die Neue Welt. Mangels Zutaten mussten sie ihre tägliche Kost allerdings oft abwandeln. Statt Schwein, Rind oder Huhn wurde ***Elch, Reh, wilder Truthahn oder Wildgans*** verwendet. Von den Indianern lernten sie, Mais und Kürbisse zuzubereiten, und statt mit Zucker wurde mit vitaminreichem Ahornsirup gesüßt. Am Atlantik stehen ***Hummer, Fisch und Muscheln*** auf der Speisekarte. Der nur langsam wachsende lobster aus dem kalten Atlantik gilt unter Kennern als der beste der Welt. Wenn es ein Nationalgetränk in Kanada gibt, dann ist das Bier – ein im Vergleich zum wässrigen US-amerikanischen sogar sehr ***süffiges, würziges Bier***, das gut zu einem herzhaften Steak passt.

SPEISEN

bagel with lox – Brötchen mit Räucherlachs
bannock – schottisch-indianisches Brot, in der Pfanne gebacken
cipaille/cipate – Schichtpastete mit verschiedenen Fleischarten
lobster roll – Hummersandwich
pancakes (flapjacks) with maple syrup – Pfannkuchen mit Ahornsirup
tarte aux bleuets – Blaubeerkuchen

VANCOUVER

Vancouver ist eine junge, lebensfrohe Stadt mit hinreißendem Charme und lässigem, europäisch-internationalem Flair, eine dynamische Metropole vor einer dramatischen Kulisse tiefgrüner Berge im breiten Flussdelta des Fraser River, mit restaurierten viktorianischen Häusern, weitläufigen Parks, Stränden und viel unberührter Natur im Umland.

Mit rund 2,5 Mio. Einwohnern im Ballungsraum des Fraser-Deltas ist Vancouver heute die größte Stadt Westkanadas und mit mehr als 150 km langen Hafenanlagen das wichtigste Wirtschafts- und Handelszentrum am Pazifik. Drei renommierte Universitäten, zahlreiche Museen, Theater und Galerien machen sie außerdem zum kulturellen Nabel Westkanadas. In den letzten Jahren wurden hier so viele Filme und Fernsehserien gedreht, dass die Stadt mittlerweile den Spitznamen „Hollywood North" bekam.

Dabei gab es hier nur gewaltige Douglasienwälder, als Captain George Vancouver 1792 die Mündung des Fraser River in den Pazifik entdeckte – und gleich wieder weitersegelte. Erst um 1860 entstand ein kleines Holzfällercamp am Ufer des Burrard Inlet. Als dann 1886 der Endbahnhof der transkontinentalen Eisenbahn hier gebaut wurde, war das Wachstum Vancouvers nicht mehr zu stoppen.

Bei den Olympischen Winterspielen 2010 zeigte die Stadt, was aus ihr geworden war: eine lebenswerte, naturnahe Metropole, eine Oase feiner Stadtkultur inmitten der Wildnis Westkanadas.

SEHENSWERTES

Einen ersten Überblick bietet Ihnen die Aussichtsterrasse *The Lookout* im *Harbour Centre* an der Hastings Street oder – noch umfassender – eine Gondelfahrt auf den *Grouse Mountain* in North Vancouver. Zurück auf dem Boden können Sie gut zu Fuß oder per Mietrad die Innenstadt erkunden. Geführte Touren bieten die *Vancouver Trolleys (tgl. 9–18 Uhr | Fahrpreis 47 $)*, die auf zwei festen Routen alle Attraktionen der City ansteuern. Sie können nach Gusto ein- und aussteigen, alle 20 Minuten kommt ein Bus.

BILL REID GALLERY *(5/C2)*

Nicht besonders groß, aber sehr gut: Werke des berühmten, 1998 verstorbenen indianischen Künstlers. *Tgl. 10–17 Uhr, im Winter Mo/Di geschl. | Eintritt 11 $ | 639 Hornby St.*

CANADA PLACE ★ *(5/D1)*

Während der Expo 86 war der von Stararchitekt Ed Zeidler mit einem schnee-

weißen Zeltdach überbaute Pier der Pavillon Kanadas. Heute befindet sich hier u. a. das Messe- und Kongresszentrum. Davor lässt es sich hier herrlich flanieren, den Kreuzfahrtschiffen zusehen und von der Spitze des Piers den Blick über den Fjord genießen *(Cordova St./Howe St.)*. Dass Vancouver die „grünste" Stadt Kanadas sein will, zeigt der dachbegrünte, 2010 mit viel nachhaltiger Technologie angelegte Flachbau daneben: Dies ist die gigantische Halle des Internationalen Medienzentrums der Olympischen Spiele, heute das *Vancouver Convention Centre*, an dessen Westseite die Olympic Torch an die Winterspiele erinnert.

CAPILANO SALMON HATCHERY

Hautnah ist der Lebenszyklus der Lachse zu beobachten. Lachsleiter mit Unterwasserfenstern und Schautafeln. Ab Mitte August kehren die erwachsenen Lachse zurück. *Im Sommer tgl. 8–20 Uhr | Eintritt frei | Capilano Rd. | North Vancouver*

CAPILANO SUSPENSION BRIDGE

Eine schwankende, knapp 140 m lange Hängebrücke über einem 70 m tiefen Canyon mit Totempfahlpark, ein Lehrpfad in den Baumwipfeln und ein spektakulärer *cliffwalk* hoch über der Schlucht. *Im Sommer tgl. 8.30–20, sonst 9–17 Uhr | Eintritt 43 $ | Capilano Rd. | North Vancouver*

CHINATOWN *(5/D3)*

Im Viertel um die Pender und Main Street liegt die rummelige und angeschmuddelte alte Chinatown Vancouvers, die in den letzten Jahren mit Szenelokalen und Clubs wieder trendy geworden ist. Sehenswert ist der *Dr. Sun Yat-Sen Classical Chinese Garden* an der Carrall

Vancouvers Skyline mit den auffälligen Segeln des Canada Place

Street, eine traditionelle chinesische Gartenanlage. Freitag- bis Sonntagabend ist um Main/Keefer Street Night Market mit Verkaufsständen. Ebenfalls sehenswert: der topmoderne INSIDER TIPP *T & T Supermarket (Keefer St./Abbott St.)*, der alle nur denkbaren Waren Asiens anbietet. Direkt nebenan liegt um die Hastings Street das Viertel der Stadtstreicher – nicht gefährlich, aber auch nicht schön.

GASTOWN *(🕮 5/D2)*

Entlang der Water Street hat man die Altstadt Vancouvers restauriert. In den alten Backsteinbauten befinden sich heute Läden, Restaurants und Kunstgalerien. Witzige Attraktion ist die viertelstündlich tutende *Steam Clock* an der Ecke Cambie Street, die über das städtische Fernwärmenetz betrieben wird. Etwas östlich an der Kreuzung Water/Carrall Street steht eine Statue für den Stadtgründer John „Gassy Jack" Deighton, der 1867 hier angeblich das erste Haus Vancouvers baute – einen Saloon. Dies begründete eine Tradition: Bis heute gibt es zahlreiche Kneipen rund um den kleinen Platz.

HOCH ZU ROSS

Die rot berockte Royal Canadian Mounted Police ist wohl das bekannteste Wahrzeichen Kanadas. In ihrer Paradeuniform treten die Mounties bei offiziellen Veranstaltungen zu Pferd auf. Doch sie sind mehr als buntes Beiwerk: Bis heute ist diese hervorragend ausgebildete Bundespolizei für alle ländlichen Regionen und Orte Kanadas zuständig, die sich keine eigene Polizei leisten können – und das sind gerade im dünn besiedelten Westen sehr viele. Die rund 15 000 Personen starke Truppe der RCMP wurde bereits 1873 gegründet. Für Jahrzehnte waren die Forts der Mounties auch die einzigen Außenposten der Zivilisation im damals noch recht wilden Westen. Mit Hundeschlitten patrouillierten die Gesetzeshüter in der Arktis, zu Pferd und per Kanu drangen sie in die abgelegensten Goldgräbercamps vor.

GRANVILLE ISLAND *(🕮 5/B4)*

Das restaurierte Hafenviertel unter der Granville Bridge zeigt Vancouver von einer sehr schönen Seite: Sie können über den berühmten *Public Market* bummeln, bunte Kunstläden wie die *Gallery of BC Ceramics (1359 Cartwright St.)* besuchen und Eiscreme mit Blick auf Hausboote und Skyline essen. Nicht verpassen: INSIDER TIPP Railspur Alley mit Künstlerwerkstätten, innovativen Galerien und einem kleinen Café.

MARITIME MUSEUM *(🕮 5/A3)*

Schmuckstück ist die „St. Roch", ein arktisches Patrouillenschiff. Der hölzerne Schoner durchquerte mehrmals die Nordwestpassage. *Juni–Sept. tgl. 10–17, Do bis 20 Uhr, sonst nur Di–Sa, So ab 12 Uhr | Eintritt 12,50 $ | 1100 Chestnut St.*

STANLEY PARK ★

Herrlicher, von Wasser umsäumter Stadtpark mit Wanderwegen und Picknickplätzen. Hier stehen neben Original-Totempfählen auch die letzten Urwalddouglasien der Innenstadt. Die 1938 erbaute *Lions Gate Bridge* an der Nordspitze des Parks verbindet die Stadt mit North Vancouver. Das *Vancouver Aquarium (im Sommer tgl. 9.30–18, sonst 10–17 Uhr | Eintritt 39 $)* im Inneren des 4 km² großen Parks lockt mit Delfinen, Pelzrobben, Seeottern und einer Ausstellung über die Wanderung der Lachse.

Wahrzeichen des Stanley Parks sind die Totempfähle

UBC MUSEUM OF ANTHROPOLOGY
Der eigenwillige Museumsbau von Arthur Erickson auf dem Gelände der University of British Columbia birgt eine bedeutende Sammlung von Totempfählen und Masken der Nordwestküsten-Indianer. Schöne historische Schnitzereien aus Argyllit sowie moderne Werke von Bill Reid. *Im Sommer tgl. 10–17, Do 10–21, Okt.–Mitte Mai Mo geschl. | Eintritt 18 $ | 6393 NW Marine Dr.*

VANCOUVER MUSEUM ***(🕮 5/A3)***
Der große Rundbau am Ufer der English Bay präsentiert die Stadtgeschichte Vancouvers sowie Naturgeschichte und indianisches Kunsthandwerk. Angeschlossen ist das *MacMillan Space Centre & Planetarium*, das in die Weiten des Universums entführt und abends auch Lasershows zeigt. *Tgl. 10–17, Do 10–20, Fr/Sa bis 21 Uhr | Eintritt 19 $ | 1100 Chestnut St.*

VAN DUSEN BOTANICAL GARDENS
220 000 m² Blumen und Wäldchen, idyllische Wege und kleine Seen. Besonders farbenprächtig zeigt sich der Garten von Mai bis Juli. *Tgl. 9 Uhr bis Sonnenuntergang, im Winter ab 10 Uhr | Eintritt 11 $ | 5251 Oak St.*

INSIDER TIPP **YALETOWN** ***(🕮 5/C3)***
Das Szeneviertel der City: Tagsüber locken entlang Hamilton und Mainland Street witzige Boutiquen, abends schicke Restaurants, Braukneipen und Bars.

ESSEN & TRINKEN

BRIDGES ***(🕮 5/B4)***
Schönes Bistro mit großer Terrasse am Wasser und wunderbarem Blick auf die Stadt. *1696 Duranleau St. | Granville Island | Tel. 604 6 87 44 00 | www.bridgesrestaurant.com* | **€–€€€**

INSIDER TIPP CACAO *(🕮 5/A4)*
Südamerika trifft Kanada: Der Venezolaner Jefferson Alvarez schickt sterneverdächtige Kreationen aus der Küche: Tintenfisch mit Ananas-Salsa und leckere Yucca-Fritten. Reservieren! *1898 W 1st Ave. | Tel. 604 7 31 53 70 | www.cacaovancouver.com | €€–€€€*

EDIBLE CANADA *(🕮 5/B4)*
Cooles Ökobistro mit Terrasse und Laden. Lecker: die *fish tacos* vom Straßenverkauf. *1596 Johnston St. | Granville Island | Tel. 604 6 82 66 81 | www.ediblecanada.com | €€*

ZIELE IN DER UMGEBUNG

LANGLEY *(🕮 4/F3)*
INSIDER TIPP *Fort Langley (tgl. 10–17 Uhr | Eintritt 7,80 $)*, das alte Pelzhändlerfort am Fraser River, liegt ca. 50 km östlich am Hwy. 1 und ist heute ein Museumsdorf. Die „Bewohner" des alten Handelspostens führen Ihnen in zeitgenössischen Kostümen vor, wie das raue Alltagsleben während der Trapperzeit des 19. Jh.s aussah. Einen Bummel verdient gleich nebenan auch das zugehörige Städtchen. An der pittoresken, von alten Bäumen überschatteten Hauptstraße Glover Road liegen zahlreiche Antikläden, Boutiquen und nette Lokale wie das *Lamplighter Café (9213 Glover Rd. | Tel. 604 8 88 64 64 | €€)*.

RICHMOND *(🕮 4/E-F3)*
Etwa eine halbe Stunde südlich der Innenstadt (Anfahrt auch mit der Hochbahn *Canada Line*) liegt das moderne Chinesenviertel Vancouvers. Richmond liegt im Mündungsdelta des Fraser Rivers auf mehreren Inseln. Entlang der No. 3 Road reihen sich hier unzählige asiatische Restaurants, gleich nahebei erhebt sich am Ufer des Fraser River der mächtige Rundbau des Olympia-Eisstadions Richmond Oval.

Einblick in das Leben der Pelzhändler in Fort Langley

EINKAUFEN

Der Westen Kanadas hält für Shoppingfans einzigartige lokale Souvenirs bereit

Der Westen Kanadas ist zwar nicht unbedingt ein gefeiertes Shoppingziel, doch einmal vor Ort, verlockt die große Auswahl dann doch.

Gerade die Metropole Vancouver bietet eine breite Palette an Einkaufsmöglichkeiten, in denen Sie ausgiebig stundenlang stöbern können, aber auch in Victoria auf Vancouver Island dürften Sie fündig werden.

GÜNSTIG & TRENDY

Das sonst in Nordamerika sehr beliebte Outlet-Shopping ist bis auf einige Malls in Westkanada noch fast unbekannt. Die in vielen Städten vertretene kanadische Kette Winners hat sich aber auf Discountverkauf von Restposten und Auslaufmodellen spezialisiert. Hier bekommen Sie sehr günstig Jeans oder auch Kinderklamotten. Teurer, aber bei modebewussten Kids sehr angesagt sind kanadische Marken für Sportkleidung wie *Lululemon Athletica* oder *Roots Canada*, deren Designer auch das kanadische Olympiateam einkleiden.

ESSEN & TRINKEN

Beliebt ist der geräucherte Lachs von der Westküste. Dabei gibt es Lachs auch in ungewöhnlichen Zubereitungen: als geräucherte Mousse in Dosen oder als sehr leckeren, süß geräucherten Indian candy.

KUNST DER UREINWOHNER

Die Stämme der Westküste, einst berühmt für ihre Totempfähle, schnitzen heute kleinere Objekte wie etwa Masken oder Schalen und übertragen die stilisierten Tiersymbole ihrer Kunsttradition auf Silberschmuck und Zeichnungen.

REGIONALE SOUVENIRS

In den Küstenorten von Vancouver Island und in Vancouver finden Sie die schönen, grob gestrickten Cowichan-Pullover und allerlei Kunsthandwerk aus Holz, Ton und Keramik. Vor allem auf den Gulf Islands vor Vancouver leben zahlreiche Künstler, die zumeist ihre Arbeiten in den Galerien von Victoria ausstellen.

VANCOUVER ISLAND

Vancouver Island – mit 450 km Länge die größte Insel an der Westküste Nordamerikas – ist eine Welt für sich: eine faszinierende Urlandschaft mit tiefen Fjorden und über 2000 m hohen Bergen, mit stillen Buchten und wildromantischen Stränden. Die Insel bezaubert vor allem durch ihre Kontraste: verschlafene Fischerdörfer, Indianerreservate und Holzfällercamps im wenig erschlossenen Norden, quirlige Ferienstädtchen und die elegante Provinzhauptstadt Victoria im Süden.

FREE WILLYS

Vor der Küste von Vancouver Island tummeln sich auch die imposanten Orcas; Telegraph Cove, ein ehemaliges Fischernest, ist heute ein Mekka der Walfreunde und Walforscher. Mehrere Gruppen von Orcas leben hier in den geschützten Gewässern zwischen Festland und Vancouver Island und sind den ganzen Sommer über gut zu beobachten. Halbtägige Bootstouren veranstaltet von Mai bis Oktober ★ *Stubbs Island Whale Watching (Telegraph Cove | Preis 106 $ | Tel. 800 6 65 30 66 | www.stubbs-sightings.com)* zur Johnstone Strait, einem Reservat für Schwertwale.

DUNCAN

(4/E3) **Das Landstädtchen (23 000 Ew.) im fruchtbaren Cowichan Valley war nichts Besonderes, bis sich die Cowichan-Indianer des angrenzenden Reservats auf ihre Traditionen besannen.** Sie haben ein Kulturzentrum gegründet und angefangen, Totempfähle zu schnitzen. Überall im Ort stehen nun bunt bemalte Pfähle.

SEHENSWERTES

B. C. FOREST DISCOVERY CENTER

Von alten Kettensägen über ein Sägewerk bis zu einem Holzfällercamp ist in diesem Freilichtmuseum alles über die *lumberjacks* (Holzfäller) zusammengetragen. *Im Sommer tgl. 10–16.30 Uhr | Eintritt inkl. Fahrt mit einer alten Dampfbahn 16 $ | 2892 Drinkwater Rd. | bcforestdiscoverycentre.com*

PACIFIC RIM NATIONAL PARK

Die schönsten und wildesten Abschnitte der West Coast sind in diesem ca. 400 km^2

Wale und Regenwälder, lange Strände und tiefgrüne Fjorde – und alles zusammen auf einer einzigen Insel

großen Park unter Schutz gestellt. Bewahrt werden so ein uralter Regenwald, schroffe Felsen und von Treibholz übersäte Strände wie der 11 km lange, teils mehrere 100 m breite Long Beach. Im *Kwisitis Centre* am *Wickaninnish Beach* bekommen Sie die Naturgeschichte dieser Region sehr ausführlich und kompetent erläutert. Von Tofino aus, dem Hafenort am Nordrand des Parks, können Sie Bootstouren zu abgelegenen Buchten und zur Walbeobachtung im Clayoquot Sound machen – sehr beliebt ist auch die INSIDER TIPP Bärenbeobachtung vom Boot aus, denn so kommt man gefahrlos ganz nah an die Raubtiere heran.

VICTORIA

(4/E4) **Seit 1871 Hauptstadt von British Columbia, sonnt sich Victoria (370 000 Ew.) im kolonialen Erbe des British Empire – mit gepflegten Grünanlagen, viktorianischer Architektur, Doppeldeckerbussen und Pferdedroschken fürs Sightseeing.** Eine stilvolle englische *tea time* im efeuumrankten Fairmont Empress Hotel von 1906, einem Wahrzeichen der Stadt, passt bestens ins Klischee.

SEHENSWERTES

INNER HARBOUR

Um das Hafenbecken reihen sich die wichtigsten Attraktionen der Stadt: an der Ostseite das traditionsreiche Fairmont Empress Hotel, auf der Nordseite die Altstadt mit ihren Einkaufsstraßen und kleinen Gassen, und auf der Südseite thront in beherrschender Lage das prächtige Parlamentsgebäude von 1898.

ROYAL BRITISH COLUMBIA MUSEUM

Das größte Museum der Provinz: nachgebaute Regenwälder und Fjordküsten, herrliche Totempfähle und Ausstellungen zur Pioniergeschichte. *Tgl. 10–17 Uhr | Eintritt 22 $ | 675 Belleville St*

PRAKTISCHE HINWEISE

ANLEGESTELLEN

▶ MONTRÉAL
Kreuzfahrtschiffe machen in Montréal in der Nähe des alten Stadtkerns *Vieux Montréal* fest, der fußläufig zu erreichen ist.

▶ ST. JOHN'S
In St. John's legen Kreuzfahrtschiffe in fußläufiger Entfernung zum Stadtzentrum an. Vor Ort stehen Taxis, Mietwagen und ein öffentlicher Bus für Exkursionen zur Verfügung.

▶ CORNER BROOK
Kreuzfahrtschiffe machen in fußläufiger Entfernung vom Zentrum fest. Es steht auch ein kostenloser Busshuttleservice des Hafens zur Verfügung.

▶ HAVRE-SAINT-PIERRE
Das Ortszentrum befindet sich in ca. 1 km Entfernung vom Anlegeplatz der Kreuzfahrtschiffe. Im *Portail Pélagie-Cormier*, dem Kreuzfahrtterminal, gibt es eine Touristeninformation und ein Informationszentrum des *Mingan Archipelago National Park Reserve*.

▶ SYDNEY
Der Kreuzfahrtanleger befindet sich im Stadtzentrum. Für Exkursionen von Sydney aus in die Umgebung stehen vor Ort Autovermietungen und Taxiunternehmen zur Verfügung.

▶ BADDECK
Kreuzfahrtschiffe machen in Baddeck in der Nähe des Stadtzentrums fest. Ein örtliches Taxiunternehmen bietet Rundfahrten in der Region an.

▶ HALIFAX
Halifax besitzt ein modernes Kreuzfahrtterminal und einen über 600 m langen Anleger. Am Terminal stehen Taxis und Ausflugsbusse zur Verfügung; das Zentrum ist zu Fuß erreichbar.

▶ SAINT JOHN
Saint John besitzt drei Anlegestellen für Kreuzfahrtschiffe, die sich in der Nähe des Stadtzentrums befinden. Neben Taxis stehen auch Hop-on-hop-off-Busse zur Erkundung zur Verfügung.

▶ CHARLOTTETOWN
Charlottetown besitzt ein relativ neues Kreuzfahrtterminal und einen Pier, an dem ein Schiff anlegen kann. Befinden sich mehrere Kreuzfahrtschiffe im Hafen, werden die Passagiere an Land getendert. Das Stadtzentrum kann zu Fuß vom Hafen aus erreicht werden.

▶ SAGUENAY
Im Hafen von Saguenay kann ein Kreuzfahrtschiff festmachen, weitere ankern und tendern ihre Passagiere an Land. Ein Touristenbus fährt zu verschiedenen Sehenswürdigkeiten.

▶ QUÉBEC
Das historische Zentrum von Québec ist vom Anlegeplatz der Kreuzfahrtschiffe aus problemlos zu Fuß zu erreichen.

▶ VANCOUVER
Kreuzfahrtschiffe legen in Vancouver am Kreuzfahrtterminal am Canada Place an. Die Sehenswürdigkeiten in Downtown sind fußläufig erreichbar. Taxis sind verfügbar; eine Skytrain-Station befindet sich in Hafennähe.

Kanada

Urlaub von Anfang bis Ende: die wichtigsten Informationen für Ihre Reise

GELD & DEVISEN

Landeswährung ist der kanadische Dollar (= 100 Cents). Es gibt Banknoten zu 5, 10, 20, 50 und 100 Dollar sowie Münzen zu 1 ¢ (penny), 5 ¢ (nickel), 10 ¢ (dime), 25 ¢ (quarter), 1 $ und 2 $. Banken sind meist von 10 bis 15 Uhr geöffnet. Sie wechseln aber keine europäischen Währungen. Die Reisekasse sollten Sie auf mehrere Zahlungsmittel verteilen: ca. 100 $ Bargeld, eine Kreditkarte (Visa- oder Mastercard werden überall in Restaurants und Geschäften akzeptiert) sowie eine EC-Karte, mit der Sie an den meisten Geldautomaten zu günstigem Wechselkurs Bargeld ziehen können. Reiseschecks in kanadischen Dollar werden ebenfalls akzeptiert.

GESUNDHEIT

Die ärztliche Versorgung in Kanada ist sehr gut – aber teuer. Ein Tag im Hospital kann 1000 $ und mehr kosten. Daher sollten Sie unbedingt eine Auslandskrankenversicherung abschließen. Medikamente erhalten Sie in der *pharmacy* und im *drugstore*.

INTERNET & WLAN

Mit dem eigenen Laptop, Smartphone oder Tablet-PC finden Sie in zahlreichen Cafés, Visitor Centres und auch auf öffentlichen Plätzen WLAN (in Kanada heißt es Wifi). Vielfach sind die Netze ebenfalls kostenlos und frei zugänglich, oder man erhält gegen Gebühr das Passwort beim Personal. Sie können zudem in allen öffentlichen Bibliotheken kostenlos im Web surfen und Ihre Mails abrufen.

NOTRUF

911 oder *operator*: 0 wählen.

ÖFFNUNGSZEITEN

Läden sind meist Mo–Sa 9.30–18 Uhr geöffnet, große Malls Mo–Sa 10–21, So 12–17 Uhr und Lebensmittelsupermärkte oft auch abends und am Wochenende, in Großstädten sogar rund um die Uhr. Viele Museen sind montags geschlossen.

TELEFON & HANDY

Tri- oder Quad-Band-Handys aus Europa funktionieren auch in Kanada – aber meist nur in den Städten und im Süden der Provinzen (Roaming-Aufpreis bis 2 Euro). Erkundigen Sie sich vorab bei Ihrem Mobilfunkanbieter nach Sondertarifen.

TRINKGELD

Im Restaurant ist das Trinkgeld nicht inklusive. Lassen Sie daher rund 15–18 Prozent des Rechnungsbetrags als *tip* auf dem Tisch liegen.

WAS KOSTET WIE VIEL?

Kaffee	1,80–3 Euro *für eine Tasse Kaffee*
Bier	4–6 Euro *für ein Glas im Saloon*
Hummer	20–35 Euro *für einen Hummer mit Beilage*
Lachs	12–25 Euro *für ein Lachsgericht*

USA

Wer zum ersten Mal auf dem Empire State Building steht, die Brandung an der Pazifikküste erlebt oder in New Orleans dem Great Old South nachspürt, der wird gerne zustimmen: Die Vielgestaltigkeit Amerikas beeindruckt.

In Metropolen wie Los Angeles, New York, San Francisco oder Miami ist die vibrierende Energie dieser multikulturellen Nation hautnah zu spüren. Eins eint die Amerikaner jedweder Herkunft – inniger Patriotismus. Das Sternenbanner weht überall, auch über dem Privatauto oder dem Vorgarten in der Vorstadt. Die Amerikaner sind stolz auf ihr Land, das zwischen zwei Ozeanen liegt, knapp 8 Mio. km² Fläche mit rund 320 Mio. Einwohnern hat – Alaska und Hawai'i nicht mitgezählt. Doch nicht nur die lebendigen Metropolen beeindrucken, die USA besitzen auch einen unglaublichen Reichtum an Naturschönheiten. Eine wahre Sinfonie aus Rot und Gold ist das prächtige Herbstlaub an der Ostküste, atemberaubend sind die Berge vulkanischen Ursprungs im pazifischen Nordwesten. Keine Frage: Langeweile hat bei einem Kreuzfahrtbesuch in den USA keine Chance.

NEW YORK CITY

Ein Leben würde nicht ausreichen, alle Winkel dieser ★ 8,4-Mio.-Metropole mit ihrer beispiellosen Konzentration

Bild: Unverkennbar Manhattan – die Skyline von der Brooklyn Bridge aus gesehen

Big Apple und Florida Keys, sonniges Kalifornien und rauer Nordwesten – die große, noch immer junge Nation ist vielfältig

von Kreativität, Ehrgeiz und Optimismus zu erkunden.

Die Stadt am Hudson River begann 1624 als holländische Siedlung Neu-Amsterdam auf Land, das den Manhattan-Indianern für nur 24 $ abgekauft wurde. Seither wuchs New York ununterbrochen. Ab 1664 britisch und schon 1820 mit 150 000 Einwohnern die größte Stadt der USA, wurde sie im 19. und 20. Jh. von europäischen Immigranten überschwemmt. 1913 überschritt man die 5-Mio.-Grenze, wenig später begann die Wolkenkratzerära. Vieles hat New York seitdem überstanden: Depression, Börsencrashs, Stromausfälle, Bankrotterklärungen, Rassenkrawalle. Der auf den 11. September 2001 folgenden Tourismuskrise begegnete man mit Dutzenden neuer Hotels für Besucher, die nun Manhattan, jene zungenförmige Halbinsel mit New Yorks meisten Sehenswürdigkeiten, neu entdecken.

New York versammelt kühnste Architektur auf engstem Raum: gigantische Wolkenkratzer, riesige Brücken, wuchti-

HÄUSER, DIE AM HIMMEL KRATZEN

Wer Höhenangst hat, kann in New York gut trainieren. Schließlich waren die höchsten Wolkenkratzer der Stadt gleichzeitig auch meist die höchsten der Welt. Das ist auch heute noch so: Das One World Trade Center ist 541 m hoch, kein Gebäude der westlichen Welt reicht weiter in den Himmel. Die ersten Wolkenkratzer entstanden Ende des 19. Jh.s. Vom Chrysler Building (1930, 319 m) bis zum Empire State Building (bis zur Spitze des Blitzableiters 443 m), das 1931 eingeweiht wurde, erstreckte sich eine Zeitspanne monumentalen Bauens. Die jüngere Architektur der Stadt ist keineswegs moderater: Das 2009 eröffnete Gebäude der Cooper-Union-Universität sieht aus, als ginge ein Riss durch das Haus auf Stelzen. 2011 wurde der Beekman Tower eingeweiht. Das elegante Stahlgebäude wirkt dank seiner wellenartigen Fassade, als bewege es sich. Seinen Rang als höchstes Wohngebäude der Stadt musste der Beekman Tower erst an den 306 m hohen Wolkenkratzer One57 in Midtown und dann wenige Monate später an 432 Park Avenue abtreten: 2015 eröffnete das 396 m hohe Gebäude – das vom 472 m hohen Central Park Tower abgelöst werden soll.

ge Kirchen – und mittendrin einen Park, der fast so groß ist wie die Nordseeinsel Helgoland. Die besten Fortbewegungsmittel sind die U-Bahn oder die eigenen Beine. Und es ist auch immer noch am aufregendsten, die Stadt zu Fuß zu erobern. Denn New York ist schon lange mehr als jede andere amerikanische Metropole eine Fußgängerstadt. Die Straßen sind übersichtlich gerastert und nummeriert. Viele Sehenswürdigkeiten liegen nah beieinander. Man findet sich schnell zurecht und das Risiko, bestohlen zu werden, ist nicht höher als in einer deutschen Großstadt. Die Straßen, Boulevards und Avenues sind wie Laufstege. Einfach gucken und staunen!

SEHENSWERTES

9/11 MEMORIAL ★ *(🕮 7/A2)*

Am 11. September 2001 wurde das World Trade Center dem Erdboden gleichgemacht, als beide Türme von entführten Passagierflugzeugen getroffen wurden. Am ehemaligen Ground Zero entstand ein beeindruckendes Denkmal des Terrorangriffs: Wo vorher seit 1973 die beiden Wolkenkratzer gestanden hatten, wurden tiefe Bassins eingelassen, in die von allen Seiten Wasser fällt. Rundherum sind die Namen aller Opfer in Stein eingelassen – ein eindrücklicher Besuch, den Sie nie wieder vergessen werden. Das zugehörige Museum *(So–Do 9–20, Fr–Sa 9–21 Uhr | Eintritt $ 24, Di ab 17 Uhr frei)* liegt direkt nebenan. *Tgl. 7.30–21 Uhr | 120 Liberty Street | Eintritt frei | www.911memorial.org | Subway A, C, J, 2, 3, 4, 5, Fulton Street*

Feuerwehrleute, Überlebende, Angehörige von Opfern und Anwohner machen Führungen. Das *Tribute WTC Visitor Center (Mo–Sa 10–18, So 10–17 Uhr | 120 Liberty Street | Eintritt $ 15 | Führungen: So–Do stdl. 11–15, Fr/Sa stdl. 10.30–15 Uhr | Kosten $ 25 | 911tributemuseum.org | Subway A, C, E Chambers Street)* bietet darüber hinaus Informationen über 9/11 und die Folgen.

BROADWAY *(🕮 X/XX)*
Mittendurch verläuft die berühmteste Straße, die auch die längste ist – und die schrägste: Der Broadway zieht sich von Manhattans Südspitze fast 20 km lang nach Norden, und zwar als einzige Ausnahme nicht im gradlinigen Straßenraster. Er windet sich von der Ostseite quer durch Midtown an die Upper West Side und nach Harlem. In SoHo versüßen Sie sich die Galeriebesuche mit Shopping, denn neben den Kunstausstellungen locken teure Designerboutiquen und Jeanspaläste mit Dumpingpreisen. Um den Times Square tobt das Nightlife im Theater District. *Subway B, D, F, M Broadway-Lafayette*

BROOKLYN BRIDGE ★ *(🕮 7/C1-A3)*
Die erste Brücke, die Manhattan mit Brooklyn verband, wurde 1883 eröffnet. 13 Jahre bauten erst der deutschstämmige Ingenieur John A. Roebling und dann sein Sohn das bejubelte „achte Weltwunder". Die Pfeiler ragen zwischen Hunderten von Stahlkabeln 89 m hoch. Die Konstruktion führt 530 m über den East River, unter ihren neugotischen Bögen haben Sie von der Mitte der Promenade aus einen wunderbaren Ausblick auf die Skyline von Manhattan. Am schönsten: INSIDER TIPP auf Manhattan zulaufen. Dafür mit der Subway Linie A oder C bis zur High Street Station in Brooklyn. Oder in Manhattan starten: von der Park Row/ Centre Street *(Subway 4–6 Brooklyn Bridge/ City Hall)*.

BROOKLYN HEIGHTS *(🕮 7/C-D4)*
Eine Gegend zum Flanieren: Am anderen Ende der Brooklyn Bridge liegt die schönste Wohngegend Brooklyns, ein Viertel mit gut erhaltenen *brownstones* aus dem 19. Jh., den mehrstöckigen früheren Einfamilienhäusern aus Sandstein, die zum Teil unter Denkmalschutz stehen. Schlendern Sie über die Pierrepoint Street auf die Brooklyn Heights

Zu Herzen gehend: Das 9/11 Memorial erinnert an die Tausenden von Toten

Promenade, von der aus Sie einen prächtigen Blick auf Manhattan, den Brooklyn Bridge Park und den Hudson River haben. *Subway 2, 3 Clark Street*

CENTRAL PARK ★
Ein grüner Riese: Fast doppelt so groß wie das Fürstentum Monaco, erstreckt sich der Park über 340 ha. Die Planungsphase unter Frederick Law Olmsted dauerte zwei Jahrzehnte. 1873 war der Park dann fertig, der auch heute immer noch der größte Stadtpark der Welt ist.

Empire State Building im Abendrot

ELLIS ISLAND
Schlüpfen Sie in die Rolle eines Neuankömmlings in den USA: Rund 12 Mio. Einwanderer betraten in diesem Durchgangslager zum ersten Mal amerikanischen Boden. Es war auf der kleinen Insel in der New York Bay zwischen 1892 und 1954 mehr als 60 Jahre lang in Betrieb. Restauriert wurde bislang nur das Hauptgebäude mit einem interessanten Museum zum Thema Einwanderung. *Tgl. 9.30–15.30 Uhr | Statue Cruises, Abfahrt Battery Park, Fähren alle 30 Min. | Eintritt $ 18 inkl. deutschsprachiger Audiotour | bis zu 1 Stunde Wartezeit (Sicherheitschecks); keine großen Taschen erlaubt | www.libertyellisfoundation.org | Subway 1 South Ferry (nur in die vorderen fünf Wagen einsteigen!)*

EMPIRE STATE BUILDING ★
443 m bis zur Spitze des Blitzableiters, 102 Stockwerke, aus Granitstahl erbaut: Der Wolkenkratzer ist eines der Wahrzeichen New Yorks. Nachts wird er farbig angestrahlt, am Nationalfeiertag, dem 4. Juli, rot-weiß-blau. Er wurde 1931 nach nur 18 Monaten Bauzeit eingeweiht. Schauen Sie sich auf dem Weg zum *Ticket Office (Eingang: 34th Street)* die Einlegearbeiten aus Marmor und Bronze in der Lobby an. Im Hochgeschwindigkeitsaufzug geht's zur Aussichtsplattform *(observatory)* im 86. Stockwerk. Bei gutem Wetter reicht der Blick locker 80 km weit. Stellen Sie sich wegen der Sicherheitschecks auf lange Wartezeiten ein. Das Gebäude wurde nach ökologischen Maßstäben umgebaut, um knapp 40 Prozent Energie einzusparen.

EINKAUFEN

Die neuesten Trends und der letzte Schrei: Die Shoppingmetropole erfüllt jeden Wunsch

Leider ist der Platz in der Kreuzfahrtschiffkabine begrenzt! Dabei gibt es, je nach Dollarkurs, so viel zu shoppen: Schnäppchen von Turnschuhen bis zu elektronischen Geräten.

Vor allem wenn *sale* ist, Ausverkauf, für den es in New York ständig Anlässe gibt: Unabhängigkeitstag, Labor Day oder einfach Sommer- oder Winterschlussverkauf. Auch bei Büchern, CDs, DVDs und Blu-Rays lohnt ein Blick, wobei Sie bei DVDs auf den Ländercode achten müssen. Beim Shopping in New York können Sie sich die Füße platt laufen: An der Madison und der Fifth Avenue liegen kilometerlang Filialen internationaler Prestigedesigner und Nobelkaufhäuser, dazwischen logieren die Amerikaner, von Calvin Klein bis zu Ralph Lauren.

BÜCHER

Bücherfans werden New York lieben, die Auswahl ist riesig – und der Strand Book Store *(828 Broadway/12th Street | www.strandbooks.com | Subway L, N, Q, R, 4–6 14 Street-Union Square)* bietet gleich zwei Superlative: Sage und schreibe 30 km an Büchern (neu und gebraucht) und New Yorks größtes Angebot an raren Kunst- und Fotobänden warten in den Regalen auf Leseratten und Sammler. *Barnes & Noble*, das sind über die ganze Stadt verteilte Kaufhäuser für Bücherwürmer, z. B. *33 E 17th Street*.

KLEIDUNG

Natürlich kann man in New York auch in einen Kleiderkaufrausch verfallen, alles ist möglich von schrill bis stilvoll, von Secondhand bis Nobelmarke. Beacon's Closet ist eine Kette cooler Vintage-Klamottenläden *(z. B.: 10 W 13th Street Manhattan | Subway F, M 14 Street; 74 Guernsey St. Brooklyn | Subway G Nassau Avenue | www.beaconscloset.com)*, während man bei *Marc Jacobs*, dem Kronprinzen unter den etablierten US-Designern, stilvolle Mode und *Accesoires* bekommt *(113 Prince Street/zw. Green und Wooster Street | www.marcjacobs.com | Subway N, R Prince Street)*.

QUEENS IS KING!

Lange galten Manhattan und Brooklyn als die cooleren Schwestern, aber Queens mausert sich und hat die bunteste (und größte) Bevölkerung von New York. Die Restaurants sind gelassener und auch Kunst wird im westlichen Queens in Long Island City reichlich geboten, etwa im *Skulpturenpark (socratessculpturepark.org)*, im *Noguchi-Museum (www.noguchi.org)*, im *Fisher Landau Center for Art (www.flcart.org)* und im *MoMA PS1 (momaps1.org)*. Weiter im Osten des Stadtteils liegt *Flushing*, New Yorks größte Chinatown, mit authentischem asiatischem Essen an jeder Ecke.

FIFTH AVENUE ★

Manhattans Paradestraße: Hier finden die großen Umzüge statt (die Steuben, die Gay Pride und die St Patrick's Day Parade). Hier zeigt sich New York mit seinen glanzvollen Geschäften (wie dem Juwelier Tiffany und dem Nobelkaufhaus Bergdorf Goodman), seinen prachtvollen Museen (Metropolitan Museum, Guggenheim Museum), der eindrucksvollen Architektur des Rockefeller Center und der Größe des Empire State Building von der besten Seite. Die Fifth Avenue, die im Süden am Washington Square beginnt, liefert Ihnen zudem eine wichtige Orientierungshilfe im Stadtdschungel: Sie halbiert Manhattans nummerierte Straßen in West (W) und East (E).

GREENWICH VILLAGE

„The Village" westlich vom Broadway, erst eigenständige Gemeinde, dann Künstlerviertel, ist dank seiner Kleinstadtatmosphäre einer der heißesten Immobilienmärkte der Stadt und pflegt mit zahllosen Bars, Bistros und Straßenkünstlern fleißig sein Image als Intellektuellenboheme.

MUSEUM OF MODERN ART

Hier nur *MoMA* genannt und eines der besten Museen moderner Kunst überhaupt. Nach einer spektakulären Erweiterung präsentiert sich das *MoMA* seit 2004 mit einer doppelt so großen Ausstellungsfläche. *Tgl. 10.30–17.30 Uhr | Eintritt 25 $ | 11 W 53rd St. | www.moma.org*

NATIONAL MUSEUM OF THE AMERICAN INDIAN *(🕮 7/A4)*

Ein Tribut an die Indianer! Der New Yorker Banker George Gustav Heye sammelte Alltagsdinge: Pferdeschmuck, Kleidung, *tipis* (Zelte) und vieles mehr sind im historischen U. S. Custom House zu sehen. Außerdem wechselnde Ausstellungen von jungen indianischen Künstlern, Souvenirshop. *Fr–Mi 10–17, Do 10–20 Uhr | 1 Bowling Green | Eintritt frei | www.nmai.si.edu | Subway 1 South Ferry, 4, 5 Bowling Green*

ONE WORLD TRADE CENTER ★ *(🕮 7/B2)*

Wie ein Pfeil weist der 541 m hohe Wolkenkratzer, der die Zwillingstürme ersetzt, in den Himmel. Vom *observation deck* (100. bis 102. Stock) bestaunen Sie Manhattan von oben. Ein Abenteuer sind bereits die 47 Sekunden Aufzugsfahrt im höchsten Gebäude der westlichen Welt: Auf die Wände der Kabine, die wie Fenster aussehen, wird die Entwicklung Manhattans projiziert – 500 Jahre im eindrucksvollen Zeitraffer! *Mai–Anfang Sept. tgl. 9–24, Anfang Sept.–April 9–20 Uhr | Fulton Street 285 | Eingang West Street | Eintritt $ 32 | oneworldobservatory.com | Subway A, C, J, 2, 3, 4, 5, Fulton Street*

SOLOMON R. GUGGENHEIM MUSEUM

Der ungewöhnliche Bau des amerikanischen Meisterarchitekten Frank Lloyd Wright wird von Kritikern auch schon mal ironisch „Kloschüssel" genannt. Bei Freunden moderner Architektur löst der Bau hingegen Begeisterung aus. Im berühmten Gebäude zieht sich eine lange Rampe innen spiralförmig vom Erdgeschoss bis in den 4. Stock hinauf. Das Ganze wird gekrönt von einer Glaskuppel. Darin wechselnde Ausstellungen moderner Kunst – von Mondrian über Brancusi bis Matthew Barney. Eine Dauerausstellung zeigt die Sammlung des Kupferbarons Solomon Guggenheim, mit Arbeiten von van Gogh, Monet, Degas und Picasso. Der Museumsshop hat prachtvolle Kunstbücher in seinen Regalen stehen. *So–Mi 10–17.45, Fr 10–17.45, Sa 10–19.45 Uhr | 1071 5th Av./zw. 88th und 89th Street | Eintritt $ 25, Sa 17.45–19.45 Uhr freiwillige Spende | www.guggenheim.org | Subway 4–6 86th Street*

STATEN ISLAND FERRY ★

(🕮 7/A4)

Der schönste Blick auf die Skyline: mit der Fähre nach Staten Island und zurück, vorbei an „Lady Liberty" und Ellis Island – ganz umsonst. *Tagsüber alle 30 (Rushhour alle 15) Min., 23.30–5.30 Uhr stdl. | 4 S Street/Whitehall Street | www.siferry.com | Subway 1 South Ferry (nur die ersten fünf Wagen am Zuganfang)*

STATUE OF LIBERTY ★

Seit 1886 schaut „Lady Liberty" etwas streng gen Osten – nach Europa. Der französische Bildhauer Frédéric-Auguste Bartholdi gestaltete sie als Symbol für die politischen Ideale der USA. Sie ist 46 m hoch (Sockel 47 m) und wiegt 225 t. Es gibt nur eine limitierte Anzahl von Tagestickets, rund eine Stunde Wartezeit (Buchung am besten übers Internet). *Fähren 9.30–15.30 Uhr alle 30 Min. nach Liberty und Ellis Island, vom Office der Circle Line im Castle Clinton in Battery Park | Kosten $ 21 (inkl. Zugang zur Krone der Freiheits-*

Geradezu schwindelerregend ist der Blick nach oben im Guggenheim-Musem

ESSEN & TRINKEN

Nicht nur die Stadt selbst ist ein Schmelztiegel der Nationen, sondern auch ihre Küche

Da es New Yorker grundsätzlich eilig haben, kaufen viele mittags nur ein Sandwich zum Mitnehmen, essen im Stehen oder sogar im Gehen. Abends wird dann allerdings heruntergeschaltet.
Man wählt eins der unzähligen Restaurants, die New York so verführerisch machen. Die kulinarischen Leckerbissen reichen von koreanischen Kimchi über ***Hummer aus Maine***, ***Sushi in Burritos*** bis zu einem saftigen ***NY strip steak***. Wer schlicht satt werden will, stillt seinen Hunger am Food Truck, in chinesischen Lokalen oder beim Pizzabäcker. Oder man geht in die *coffeeshops*: Wie die *diner* sind sie eine typisch amerikanische Erscheinung. Sie verkaufen Kaffee, wenn auch von der dünneren Sorte, dafür aber oft *bottomless* – zum Preis einer Tasse wird so lange nachgeschenkt, wie man möchte.

SPEISEN

bagel – Kringel in vielen Variationen (z. B. Sesam oder Zwiebeln)
cheesecake – Käsekuchen. Pur *(plain)*? Oder Pistazie-Vanille? Oder oder oder – es gibt unzählige Varianten
clam chowder – Muschelsuppe in den Variationen New England (weiß) und Manhattan (rot, mit Tomate)
eggs – werden meist serviert mit *bacon* (Speck) oder *canadian bacon* (gebratener Schinken), Toast und eine Art Bratkartoffeln *(home fries)*
lobster – Hummer kommt in Amerika in allen Variationen auf den Tisch
new york strip steak – typische New Yorker Fleischspezialität mit Fettrand. Zartere Varianten sind *prime rib* oder *filet mignon*
oyster – Austern werden mit Essig und rosa Pfeffer oder manchmal gar mit profanem Ketchup serviert
sandwiches – Zu den traditionellen jüdischen Kreationen gehören *Reuben* (Sauerkraut, Schmelzkäse) und *Pastrami* (eingelegtes Rindfleisch). Man zählt die gewünschte Brotsorte, z. B. *whole wheat toast* (Weizenvollkorntoast), und das Dekor (*lettuce* = Salat, *tomato* = Tomate, *mayonaise* = Mayonnaise, *mustard* = Senf, *onion* = Zwiebel) auf

statue und Ellis Island) | Tel. 1 877 5 23 98 49 | www.statuecruises.com | Subway 1 South Ferry, 4, 5 Bowling Green

INSIDERTIPP TENEMENT MUSEUM
(🗺 7/D1)

Victoria ist 14 Jahre alt und kommt – aus dem 19. Jh. Die Geschichte, die Ihnen die griechische Immigrantin erzählt, ist nur eine von vielen fantasievollen Touren durch das beeindruckenden Museum über die Lebensumstände der armen New Yorker im 19. Jh. *Tgl. 10.30–17 Uhr | 103 Orchard Street | Eintritt $ 25 | Anmeldung nötig: Tel. 1 212 9 82 84 20 | www.tenement.org | Subway F Delancey Street*

ESSEN & TRINKEN

CRAFT
Die Kritiker lieben Tom Colicchio, der das Konzept für das Edellokal entwickelt hat. Ausgewählte Bauern arbeiten eng mit dem Koch und Besitzer zusammen. So landen nur leckerste Zutaten auf den Tellern. *Tgl. | 43 E 19th Street | Tel. 1 212 7 80 08 80 | www.craftrestaurant.com | Subway R, 6 23 Street |* €€€

BUDDAKAN ★
Es umgibt Sie eine Art Rokoko-meets-Asia-meets-Future-Style samt Banketttischen und Kronleuchtern. So pompös die Atmosphäre, so lecker die modernen asiatischen Gerichte. Küche und Dekoration haben Preise eingeheimst – kein Wunder, dass Sie sich nicht aufs Essen konzentrieren können! *Nur abends | 75 9th Av./16th Street | Tel. 1 212 9 89 66 99 | www.buddakannyc.com | Subway A, C, E, L 14 Street |* €€

CANDLE 79
Wer hier (bio-)vegetarisch gegessen hat, überlegt schon mal, dem Fleisch abzuschwören, denn die Küche ist kreativ mit ungewöhnlichen Zutaten. Samstag und Sonntag Brunch *(12–15.30 Uhr). 154 E 79th Street | Tel. 1 212 4 72 09 70 | www.candle79.com | Subway 6 77 Street |* €€

Zeitreise ins 19. Jh. im Tenement Museum

BAR HARBOR

Als größter Ort auf Mount Desert Island an der Küste von Maine ist der frühere Fischerhafen heute das Tor zum Acadia-Nationalpark. Seine bezaubernde Lage zwischen Meer und Bergen lockte bereits die Bostoner Oberschicht des 19. Jh.s an und um 1900 war Bar Harbor eine beliebte Sommerfrische der Superreichen wie der Familien Rockefeller, Ford und Astor.

Ein kurzer Spaziergang auf dem *Shore Path* beginnt am Fährterminal und führt in etwas mehr als einer Viertelstunde am Ostufer entlang bis zur *Wayman Lane*, vorbei an einigen hübschen Villen, einem alten Inn und mit Blick auf die *Porcupine Islands*, *Balance Rock*, *Egg Rock Light* und die *Shoodic-Halbinsel*. Wer in Bar Harbor leben wollte, baute einst im ruhigeren *Northeast Harbor* an der Südspitze von *Mount Desert Island*. Die verschlafene Atmosphäre hat sich der hübsche Ort bewahrt. Ebenfalls still geht es in den 1928 angelegten *Asticou Terraces* südlich außerhalb zu, die besonders zur Azaleenblüte eine Augenweide sind. Im nahen *Southwest Harbor* kann man den Hummerfischern zusehen, wie sie ihren Fang anlanden. Noch einmal Hummer und anderes Meeresgetier werden im *Mount Desert Oceanarium* gehalten.

SEHENSWERTES

ABBE MUSEUM

Den Ureinwohnern Maines, den Wabanaki, ist dieses Museum gewidmet, das im Jahr 1928 eröffnet wurde. Ursprünglich nur im Acadia-Nationalpark angesiedelt, existiert inzwischen ein zweiter Standort in Bar Harbor selbst. Das Herz-

Atemberaubend schön: Sonnenuntergang am Cadillac Mountain

stück der Ausstellung gibt einen profunden Einblick in 12 000 Jahre Geschichte der Wabanaki, die anhand von mehr als 50 000 Exponaten und multimedial aufbereitet präsentiert wird. Temporäre Ausstellungen ergänzen das Angebot. *Mai–Okt. tgl. 10–17, Nov.–Apr. Di, Fr, Sa 10–16 Uhr | Eintritt 8 $ | 26 Mt Desert Street | www.abbemuseum.org*

ZIELE IN DER UMGEBUNG

ACADIA NATIONAL PARK ★

Der einzige Nationalpark Neuenglands, 143 km² klein und überwiegend auf dem vorgelagerten Mount Desert Island liegend, schützt eine faszinierende Landschaft mit über 400 m hohen, topfförmigen Granitkuppen, einem blauem Meer und grünen Wäldern. Zu verdanken ist der heutige Nationalpark den Milliardären, die im 19. Jh. zu ihrem Reichtum kamen und die Gegend zunächst als Reiseziel für sich entdeckten. Zu Beginn des 20. Jh.s erwarben John D. Rockefeller und andere Land, das sie an den Staat übertrugen unter der Voraussetzung, dass die Region einen besonderen Schutz erführe. Wer bei seinem Kreuzfahrtaufenthalt ausreichend Zeit hat, kann Tageswanderungen wie auf dem *Jordan Pond Shore Trail* unternehmen, die zu fantastischen Aussichten führen. Oder Sie erfahren mit einem Mietwagen auf der 50 km langen *Loop Road* die Schönheit des Parks. Von ihr zweigt eine Straße auf den *Mount Cadillac* (504 m) ab. Von hier aus eröffnet sich Ihnen ein großartiger Blick über den Nationalpark.

BASS HARBOR HEAD LIGHTHOUSE

Hoch über dem wogenden Atlantik thront südlich von Southwest Harbor das schwarz-weiße *Bass Harbor Head Lighthouse* mit angrenzendem Leuchtturmwärterhäuschen. Vor der spektakulären Naturkulisse ist das Ensemble eines der beliebtesten Fotomotive von Maine, besonders malerisch im Sonnenuntergang. Bass Harbor Head Lighthouse wurde im Jahr 1858 auf einer Granitklippe errichtet, und noch heute hat die U. S. Coast Guard hier einen Sitz. *Circa 29 km südwestlich von Bar Harbor*

SCHOODIC PENINSULA

Circa 78 km östlich von Mount Desert Island ragt auf der anderen Seite der Frenchman Bay diese felsige Halbinsel in den Atlantik. Alte Kiefernbestände klammern sich hier an uralten Granit, eindrucksvolles Memento der Zeit vor dem systematischen Holzschlag. Eine herrliche Aussicht auf die Silhouette von Mount Desert Island bietet sich von Schoodic Point am Ende der Halbinsel.

GRUSELN

Auch wer vor seiner Kreuzfahrtreise noch nie in Maine war, dem werden vielleicht Ortsnamen wie Bar Harbor oder Portland vertraut vorkommen – zumindest, wenn man ein Faible für Lektüre hat, die einem Gruselschauer über den Rücken jagt. Der weltweit bekannte Schriftsteller Stephen King, der es mit seinen Horrorromanen seit den 1970er-Jahren immer wieder auf die Bestsellerlisten schafft, von denen zahlreiche zudem erfolgreich verfilmt wurden (u. a. *Carrie*, *Es* oder *Shining*), wurde in Portland, Maine geboren und lebt und arbeitet in Maine. In seine Bücher findet immer wieder auch die Landschaft Maines Eingang, die geprägt ist von dem rauen Nordatlantik, Bergen und weiten Wäldern.

BOSTON

Die Hauptstadt von Massachusetts (650 000 Ew.) ist immer busy: Postmoderne Bürotürme ragen über historischen Ziegelbauten in den Himmel, im Zehnminutentakt steigen Passagierjets von dem ins Meer gebauten Logan Airport auf.

Die Verbindung von Bildung, Forschung, Kapital und Sport hat die Stadt geprägt. Die Eliteuni Harvard und Dutzende weiterer Institute sind ein Pool, aus dem Erfindungen wie Internet und Mikrowelle hervorgingen. Als Heimat von gleich vier Spitzenteams, nämlich den Boston Red Sox (Baseball), den New England Patriots (Football), den Boston Bruins (Eishockey) und den Boston Celtics (Basketball), gilt die Stadt am Charles River zudem als Sporthauptstadt der USA. Dabei ist Boston geschichts- und auch ein wenig standesbewusst. Bereits 1630 gegründet, feierte sich die Stadt im 19. Jh. als „Zentrum des Sonnensystems". Nobelviertel wie Beacon Hill und Back Bay erinnern an diese Zeit und geben Boston ein europäisches Flair.

FARBENRAUSCH

Wie kommt es zu der berühmten Laubverfärbung des Indian Summer? Anders als in Europa sind die Bäume in Neuengland starken Temperaturschwankungen ausgesetzt. Das lässt die Nährstoffproduktion extrem zurückgehen. Zudem sorgt ein nur hier vorkommendes Pigment, Anthocyan, mit knalligen Rottönen jedes Jahr Anfang Oktober für eine dramatisch-feurige Verfärbung.

SEHENSWERTES

BACK BAY (*6/A3*)

Fünf schnurgerade Straßen mit prächtigen Häusern kennzeichnen das im 19. Jh. nach Pariser Vorbild entstandene Viertel. Hier finden Sie Museen, Restaurants und die edle Shoppingmeile *Newbury Street*. Unübersehbar an dem von architektonischer Vielfalt geprägten *Copley Square* ragt der blau schimmernde *John Hancock Tower* 241 m in die Höhe, den der Bostoner Stararchitekt I. M. Pei für die gleichnamige Versicherungsgesellschaft erbaute. Neoromanisch präsentiert sich die Trinity Church von 1877. Und die wuchtige *Boston Public Library (Mo–Do 9–21, Fr/Sa 9–17, So 13–17 Uhr)* von 1848 besitzt ein wunderbares Atrium mit entspannter Atmosphäre und sehenswerte Wandgemälde. Elegante Shops und Bars finden Sie im Einkaufszentrum *Copley Place*, von dem aus Sie den *Prudential Tower (Skywalk | tgl. 10–22 Uhr | Eintritt 17 $)* mit tollem Blick aus dem 50. Stock erreichen.

BEACON HILL (*6/A-B3*)

Rotziegelige Stadthäuser mit Erkern und gusseisernen Geländern versetzen Sie zurück ins Droschkenzeitalter, als Beacon Hill für die Oberschicht gebaut wurde. Die schönsten Straßen sind INSIDER TIPP *Acorn Street* – hier wohnte die Dienerschaft – und *Mount Vernon Street*.

BOSTON TEA PARTY SHIPS & MUSEUM (*6/C3*)

Das Museum rekonstruiert mit spannend inszenierten Spielszenen jene Ereignisse, die zum Beginn des Unabhängigkeitskriegs führten und den Grundstein für die Gründung der USA legten. *Touren tgl. 10–17 Uhr | Preis 25 $ | Congress Street Bridge | www.bostonteapartyship.com*

Der Boston Public Garden ist eine grüne Oase inmitten der Stadt

FREEDOM TRAIL *(🕮 6/B3)*

Wo einst die Unabhängigkeit der USA ihren Ausgang nahm: Folgen Sie einfach der 4 km langen roten Linie auf dem Bürgersteig. Sie beginnt am 1634 angelegten Stadtpark *Boston Common* und führt, vorbei an der *Park Street Church*, dem *Old South Meeting House* und der *Faneuil Hall*, quer durch *Downtown* und *North End* nach *Charlestown*. Dabei berührt sie alle stadtgeschichtlich bedeutsamen Stätten des Freiheitskampfs, darunter das *Old State House*, von dessen Balkon aus John Adams 1776 die Unabhängigkeitserklärung verlas. *www.thefreedomtrail.org*

ISABELLA STEWART GARDNER MUSEUM

Die Sammlung der früheren Society-Queen enthält INSIDER TIPP alte Meister, Skulpturen und Möbel. *Mi– Mo 11–17, Do bis 21 Uhr | Eintritt 15 $ | 25 Evans Way | www.gardnermuseum.org*

MUSEUM OF AFRO-AMERICAN HISTORY *(🕮 6/B2)*

Gewidmet ist das Museum der oft vernachlässigten Geschichte der schwarzen Bostonians. *Mo–Sa 10–16 Uhr | Eintritt 5 $ | 46 Joy St. und Smith Court | www.maah.org*

MUSEUM OF FINE ARTS

Über 1 Mio. bedeutende Kunstwerke beherbergt dieses grandiose, frisch erweiterte Museum. Außergewöhnlich: die Porträtsammlung prominenter Bostoner. *Mo/Di 10–16.45, Mi–Fr 10–21.45, Sa/So 10–16.45 Uhr | Eintritt 25 $ | 465 Huntington Ave. | www.mfa.org*

ESSEN & TRINKEN

METROPOLIS

Das coole Bistro befindet sich im South End. Neue amerikanische Küche mit mediterranem Akzent. *584 Tremont St. | Tel. 617 2 47 29 31 | €€*

INSIDER TIPP **SALTS**
Klein und fast zu übersehen. Dabei werden hier französisch inspirierte und mit Blumen dekorierte Kreationen serviert! *798 Main St. | Cambridge | Tel. (Mo–Fr 10–17 Uhr) 617 8 76 84 44 |* €€€

EINKAUFEN

Shoppen in vier hervorragenden Einkaufszonen: den exquisiten Modemeile Newbury Street, der quirligen Shops im Prudential Center, der eleganten Copley Place Mall und dem alten North End mit seinen Spezialitätengeschäften.

Gediegene Shopping-Kulisse in der Newbury Street

ZIELE IN DER UMGEBUNG

PLYMOUTH

Hier begann 1620 Neuengland. In jenem Jahr landeten in Plymouth (58 000 Ew.) die „Pilgerväter" – ein Ereignis, an das vielfach in diesem Küstenort, ca. 40 Minuten südlich von Boston, erinnert wird. Sehenswert: der Nachbau der *Mayflower* an der Pier und das Museumsdorf *Plimoth Plantation (März–Nov. tgl. 9–17.30 Uhr | Kombiticket 29,50 $ | www.plimoth.org)* etwas außerhalb der Stadt. Mit strohgedeckten Hütten, Palisaden und schauspielenden Bewohnern stellt es Plymouth anno 1627 dar.

SALEM

Die alte Handelsstadt (43 000 Ew.), 30 Minuten nördlich von Boston, ist wegen ihrer Hexenverfolgungen berühmt-berüchtigt. Wie die Puritaner 1692 mit Hexen verfuhren, zeigen schauerliche Attraktionen wie das *Salem Witch Museum (tgl. 10–17 Uhr | Eintritt 10 $ | Washington Square)* oder das *Witch Dungeon Museum (tgl. 10–17 Uhr | Eintritt 9 $ | 16 Lynde St.)*. Seriöser ist das Salems Chinahandel gewidmete **INSIDER TIPP** *Peabody Essex Museum (Di–So 10–17 Uhr | Eintritt 18 $ | E India Square | www.pem.org)*, das herrliche Handelsware aus dem Reich der Mitte besitzt.

BALTIMORE

Die früher nicht vorzeigbare Arbeiterstadt (623 000 Ew.) am Ende der Chesapeake Bay im Bundesstaat Maryland erlebt seit den 1970er-Jahren eine Renaissance.

Ihr rauer Charme indes ist geblieben. Die Sehenswürdigkeiten konzentrieren sich rund um den restaurierten *Inner Harbor*. Alle Fans historischer Lokomotiven zieht es ins *B & O Railroad Museum (Mo–Sa 10–16, So 11–16 Uhr | Eintritt 18 $ | 901 W Pratt St. | www.borail.org)* samt komplettem Bahnhof von 1830.

Fells Point mit seinen Musikkneipen gilt als das Gravitationszentrum der Nachtschwärmer. Daneben gibt es Galerien und Ausstellungen und gut essen und genießen können Sie hier auch: bei *Bertha's (734 S Broadway | Tel. 410 3 27 57 95 | €–€€)* z. B. wunderbare Muscheln oder bei *Chiapparelli's (237 S High St. | Tel. 410 8 37 03 09 | €€)* süditalienische Gerichte wie *shrimp parmigiana*.

Italienischen Charme verströmt auch das Viertel *Little Italy* nahe dem Inner Harbor. Neben Restaurants gibt es hier auch zahlreiche Geschäfte, die sich den namhaften italienischen Marken verschrieben haben.

SEHENSWERTES

FORT MCHENRY NATIONAL MONUMENT AND HISTORIC SITE

Hier fand im September 1814 die Schlacht von Baltimore zwischen Amerikanern und Briten statt, die den Dichter Francis Scott Key zu dem Gedicht „The Defense of Fort McHenry" inspirierte, das später als „Star-Spangled Banner" zur amerikanischen Nationalhymne wurde. Das Fort ist heute eine Gedenkstätte, in der auch historische Ereignisse inszeniert werden. *Tgl. 9–17, im Sommer bis 18 Uhr | Eintritt 15 $ | 2400 East Fort Avenue | www.nps.gov/fomc/index.htm*

INSIDER TIPP GEORGE PEABODY LIBRARY

Bücher- und Architekturfans wird hier das Herz aufgehen: Das 1878 eröffnete Bibliotheksgebäude, das ca. 300 000 Bücher, vorwiegend aus dem 19. Jh., beherbergt, erstreckt sich über fünf Stockwerke, die sich um den Lesesaal erheben. Besonders schön: die schmiedeeisernen Balkone auf jeder Etage und das gläserne Dachfenster, durch das Licht in den Innenraum fällt. *Di–Do 10–17, Fr 10–15, Sa 10–13 Uhr | 17 E. Mount Vernon Place*

THE MARYLAND SCIENCE CENTER

Vor allem für Kinder spannend: In diesem Wissenschaftsmuseum werden sie selbst zu mutigen Forschern und erkunden die Welt der Dinosaurier, tauchen ein in die Welt der Blue Crab, die in der Chesapeake Bay heimisch ist, oder erleben eine spannende Reise in den eigenen Körper. *8. Sept.–31. März Di–Fr 10–18, Sa 10–18, So 11–17, 1. Apr.–30. Juni Mo–Fr 10–17, Sa 10–16, So 11–17 Uhr Uhr | Eintritt 24,95 $, Kinder 18,95 $ | 601 Light Street | www.mdsci.org*

THE WALTERS ART MUSEUM

In einer Dauer- und wechselnden Sonderausstellungen zeigt das Museum zeitgenössische Kunst sowie Einblicke in verschiedene Kunstepochen. Außerdem kann man Restauratoren bei ihrer Arbeit über die Schulter schauen. Im museumseigenen Café auf der ersten Etage kann man sich vor oder nach einem Besuch mit Sandwiches und Salaten stärken. *Mi, Fr–So 10–17, Do 10–21 Uhr | Eintritt frei | 600 N. Charles Street | thewalters.org*

IM ZENTRUM DER MACHT

Die beispiellose Machtanhäufung in der Bundeshauptstadt Washington D. C. (660 000 Ew.) ist nicht sofort zu erkennen. Kaum ein Gebäude ragt über die Baumgrenze, Parks und marmorner Neoklassizismus prägen das Bild. Gegründet wurde Washington 1790. Die Stelle an der Biegung des Potomac war ein Kompromiss zur Beruhigung der sich damals schon argwöhnisch belauernden Nord- und Südstaaten, die sie als *District of Columbia (D. C.)* für neutral erklärten. Seitdem ist Washington das Nervenzentrum des Lands. Der *Capitol Hill* ist eines der Epizentren der Macht: Das US-Kapitol – seit der Grundsteinlegung durch George Washington 1793 mehrfach erweitert – beherbergt Senat und Repräsentantenhaus. Mit seiner 60 m hohen Kuppel am Ostende der *National Mall* gilt es als Symbol der amerikanischen Demokratie. Nur geführte Gratistouren ab *Capitol Visitor Center (Mo–Sa 8.30–16.30 Uhr | 1st St. und E Capitol St. | Tel. 202 2 26 80 00 | im Voraus online buchen:www.visitthe capitol.gov)*. Das White House, Residenz des US-Präsidenten, erhielt ihren Namen nach dem Krieg von 1812, als die Brandschäden mit weißer Farbe übermalt wurden. Ausländische Besucher dürfen nur unter Vorlage ihres Reisepasses und eines von ihrer Botschaft genehmigten Antrags das Weiße Haus besichtigen. **(🗺 8/C2)** *White House Visitor Center | tgl. 7.30–16 Uhr | 1450 Pennsylvania Ave. NW und 15th St. | www.nps.gov/whho/ planyourvisit/the-white-house-tour.htm*

NORFOLK

Die mit 243 000 Einwohnern zweitgrößte Stadt Virginias liegt im Südosten des Bundesstaates und ist mit einer zum Bummeln einladenden Promenade ein erholsames Ausflugsziel.

1682 gegründet, wuchs die Hafenstadt an den Hampton Roads vor allem als Stützpunkt der US-Marine. Wasser prägt das Antlitz der Stadt allenthalben – hier treffen der Atlantik, die *Chesapeake Bay* und zahlreiche Flüsse aufeinander. Im Zentrum der Stadt stößt man noch auf viele historische Gebäude, darunter einige in dem Mitte des 19. Jh.s favorisierten sogenannten *Greek Revival Style* mit Portiken sowie ionischen und dorischen Säulen. An die militärische Vergangenheit erinnert *Fort Norfolk*, das Ende des 18. und Anfang des 19. Jh.s entstand. Zusammen mit 18 anderen Forts schützte auch dieses auf Betreiben des Präsidenten George Washington die Küste. Zu besichtigen sind heute u. a. noch die Offiziersquartiere und das Munitionslager. Das INSIDER TIPP *Moses Myers House*, ein 1792 erbautes beeindruckendes Backsteingebäude, gibt einen faszinierenden Einblick in das Leben des wohlhabenden jüdischen Kaufmanns Moses Myers und seiner Familie. Ein weiteres historisches Gebäude, das Ende des 18. Jh.s errichtet wurde, das *Willoughby-Baylor House*, beheimatet heute Exponate zur Lokalgeschichte Norfolks.

SEHENSWERTES

HERMITAGE FOUNDATION MUSEUM

Das zu Beginn des 20. Jh.s erbaute Herrenhaus ist das Herzstück eines knapp 50 000 m² umfassenden Areals mit INSIDER TIPP wunderschön angelegten Gärten, darunter der Rose und der Sunken Garden, aber auch Wäldern und Feuchtgebieten. Im Haus selbst wartet eine Sammlung mit über 40 000 Objekten, die eine Epoche von mehr als 5000 Jahren umspannen, ergänzt um wechselnde Ausstellungen. *Di–So 10–17, Führungen 11, 14 Uhr | Eintritt 8 $ | 7637 North Shore Road |thehermitagemuseum.org*

NAUTICUS MUSEUM

Die militärische Tradition Norfolks wird im Nauticus gekonnt in Szene gesetzt. Auf vier Etagen wird der Besucher mit Exponaten, Filmen und Virtual Reality zu Schiffbau, Navigation und Welthandel unterhalten. So erlebt man ein kleines Tiefsee-U-Boot, das man auch selbst steuern kann, erfährt alles über die gewaltige Kraft von Tsunamis und lernt die maritime Fauna und Flora der Chesapeake Bay kennen, darunter auch verschiedene Hai-Arten. Neben dem Nauticus Museum liegt die das Museum überragende, fast 300 m lange ★ *USS Wisconsin*, eines der größten Schlachtschiffe der Welt, vor Anker. Die „Wisconsin" nahm an Schlachten des Zweiten Weltkriegs, am Koreakrieg und an der Operation Desert Storm (Golfkrieg 1991) teil und kann besichtigt werden. Bei den Führungen durch das gewaltige Schiff geht es u. a. in den Tiefen des Schiffsrumpfes in den Maschinenraum. *27. Mai–2. Sept. tgl. 10–17, sonst Di–Sa 10–17, So 12–17 Uhr | Eintritt 35,95 $ | 1 Waterside Drive | nauticus.org*

Kampferprobt: die USS Wisconsin

NAVAL STATION NORFOLK

Neben der „USS Wisconsin" kann Norfolk mit einem weiteren militärischen Superlativ aufwarten: Nicht weniger als die weltweit größte Marinebasis auf einer Fläche von über 17 km^2 ist hier beheimatet. Im frühen 20. Jh. gegründet und während der Weltkriege von hoher militärischer Bedeutung, ist die Naval Station heute Heimathafen von mehr als 70 Militärschiffen, darunter auch vier Flugzeugträger. Der Stützpunkt lässt sich ganzjährig bei geführten Touren *(Informationen zu Zeiten unter www.visitnorfolk.com/things-to-do/tours/tour-norfolk-naval-base)* erkunden.

ZIELE IN DER UMGEBUNG

COLONIAL WILLIAMSBURG

Circa 77 km nordwestlich von Norfolk liegt das Städtchen Williamsburg (14 800 Ew.). 1632 gegründet, wurde es 1699 Hauptstadt der Kolonie Virginia und gesellschaftlicher Mittelpunkt der Pflanzeraristokratie. Als die Hauptstadt 1780 nach Richmond verlegt wurde, erlebte Williamsburg eine Talfahrt, bis John D. Rockefeller in den 1930er-Jahren die Umwandlung ganzer Stadtteile in Amerikas größtes Freilichtmuseum finanzierte. Als Colonial Williamsburg zeigt es die alte Hauptstadt wie im Jahre 1775: Auf den Straßen promenieren kostümierte Bürger und Hausmädchen, aus den Tavernen dringt bierseliges Gegröle auf die Straße, und vor dem Governor's Palace von 1720 rottet sich täglich eine wütende Menge zusammen, die die Unabhängigkeit von England fordert. *Mo–Fr 9–17, Sa/So 8.30–18 Uhr | Tageskarte (Day Pass) 41 $, erhältlich im Colonial Williamsburg Visitor Center | zwischen Rte. 132 und Colonial Parkway, I-64, Exit 238 | www.colonialwilliamsburg.com*

JAMESTOWN SETTLEMENT

80 km nordwestlich von Norfolk am *Colonial Parkway* richteten sich 1607 in der ältesten englischen Siedlung der USA 104 Siedler im Auftrag der Londoner Virginia Company häuslich ein. Seine „Wiedergeburt" erlebte Jamestown 1957 als Rekonstruktion: palisadenbewehrt und bewohnt wie 1607. Im Museum erfahren Sie die wahre Geschichte von John Smith und der Häuptlingstochter Pocahontas *(tgl. 9–17 Uhr | Eintritt 16,75 $)*. Unweit davon befinden sich auf INSIDER TIPP *Jamestown Island (tgl. 9–17 Uhr | Eintritt 14 $ | Colonial Parkway | www.historyisfun.org/jamestown-settlement)* die Ruinen der Originalsiedlung, mit einem Museum.

CHARLESTON

★ **Charleston gilt als die legendäre *southern belle*. Alt-Charleston selbst ist eine Zeitmaschine. Sklavenaufständen, Bürgerkrieg und Hurrikans zum Trotz versprüht die älteste Stadt South Carolinas (126 000 Ew.) noch immer Südstaatencharme.**

Selten findet man in Amerika derartig viel Geschichte auf so engem Raum: In der nur 10 km^2 großen Altstadt stehen immer noch 1500 historische Gebäude! 1670 gegründet, war Charleston um 1750 bereits die größte Hafenstadt südlich von Philadelphia. Heute setzt man hier auf Hightech: Unter anderem unterhält hier auch Google eine Niederlassung.

SEHENSWERTES

CHARLESTON MUSEUM

Untergebracht in einem bunkerähnlichen Klotz, beherbergt das bereits 1773 gegründete Stadtmuseum historische und indianische Artefakte, eine naturkundliche Abteilung und monatlich wechselnde Ausstellungen. *Mo–Sa 9–17, So 13–17 Uhr | Eintritt $ 10 | 360 Meeting Street | www.charlestonmuseum.org*

INSIDER TIPP DENMARK VESEY HOUSE
Kleines, weißes Holzhaus im Schatten alter Bäume. Bis 1822 lebte hier der Handwerker Denmark Vesey, ein Sklave aus der Karibik, der sich mit einem Lotteriegewinn freigekauft hatte. 1822 plante er einen Aufstand, bei dem die 6000 Sklaven der Stadt befreit und nach Haiti gelangen sollten. Zwei schwarze Lakaien verrieten den Plan jedoch. Vesey und 34 weitere Verschwörer wurden gefasst und öffentlich gehenkt. *56 Bull Street*

EDMONSTON-ALSTON HOUSE
1825 von dem Kaufmann Charles Edmonston gebaut, ist dieses Haus ein gelungenes Beispiel für den eleganten Greek-Revival-Stil. Die Einrichtung besteht aus zeitgenössischem Mobiliar, die Bibliothek blieb fast unversehrt. Vom zweiten Stock aus beobachtete Südstaatengeneral Beauregard die Bombardierung von Fort Sumter. *Di–Sa 10–16.30, So/Mo 13–16.30 Uhr | geführte Touren | Eintritt $ 12 | 21 East Battery*

FORT SUMTER NATIONAL MONUMENT ★
Kaum war das Fort, mit dessen Bau 1829 auf einer künstlichen Insel begonnen wurde, 1860 fertig, kam die Feuertaufe. Am 12. April 1861 fielen hier die ersten Schüsse des Bürgerkriegs: Konföderierte Soldaten bombardierten das Fort vom Ufer aus. Die darin stationierten Unionssoldaten ergaben sich tags darauf. Von 1863 bis 1865 widerstanden die neuen Besatzer der Belagerung durch Unionstruppen. Bootstouren mit Hafenbesichtigung zu saisonal wechselnden Zeiten bietet Fort Sumter Tours *(tgl. 10–17.30 Uhr | Dauer 2 Std. 15 Min. | Fahrpreis ab $ 18 | ab Liberty Square | Tel. 843 8 81 73 37)*.

FRENCH HUGUENOT CHURCH
Schon gegen Ende des 17. Jh.s kamen viele in Frankreich verfolgte Hugenotten

Fast wie in alten Zeiten geht es in der Kutsche durch Charlestons historisches Herz

Sie trägt ihren Namen zu Recht: die Rainbow Road

nach Charleston. Sie gründeten große Plantagen am Cooper River und fuhren in Booten stromabwärts nach Charleston zum Gottesdienst, der von 1845 an in dieser reich dekorierten, im neogotischen Stil errichteten Kirche stattfand. Das Innere und die Fenster sind unversehrt geblieben. *Gottesdienst So 10.30 Uhr | Zutritt frei | 136 Church Street*

NATHANIEL RUSSELL HOUSE

Um 1808 für den im Reis- und Indigohandel reich gewordenen Nathaniel Russell im Federal Style erbaut. Eine elegante Ornamentik und besonders die drei Etagen verbindende, frei schwebende Wendeltreppe machen das Gebäude zu einem der schönsten Federal-Style-Häuser im Süden. *Mo–Sa 10–17, So 14–17 Uhr | Eintritt $ 10 | 51 Meeting Street*

OLD EXCHANGE & PROVOST DUNGEON

1767 als Warenlager und Zollgebäude am Hafen gebaut, hat das große Haus mit den palladianischen Fenstern viele Episoden amerikanischer Geschichte miterlebt. In den Kerkergewölben darunter saßen einst Gesetzlose und berüchtigte Piraten ein. Spannend inszeniert, ist dies vor allem ein Ziel für Familien. *Tgl. 9–17 Uhr | Eintritt $ 9 | 122 East Bay Street*

INSIDER TIPP RAINBOW ROW

Nur einen Häuserblock vom Waterfront Park landeinwärts befinden sich diese aus dem 18. Jh. stammenden, in allen Regenbogenfarben leuchtenden Reihenhäuser. In den 1930er-Jahren restauriert, beherbergten sie einst die Läden und Kontore der Kaufmannschaft der Stadt.

ESSEN & TRINKEN

82 QUEEN

Vielfach ausgezeichnetes Restaurant mit tropischem Garten. Serviert wird Lowcountry cuisine aus regionalen Zutaten mit innovativem Touch. *Tgl. | 82 Queen Street | Tel. 843 7 23 75 91 | €€*

HIGH COTTON, MAVERICK BAR & GRILL
Gradlinige Küche, beste Produkte: Hier bekommen Sie Steaks, Wild, frisches Seafood in einem Ambiente mit altem Mahagoni, Ziegelwänden und ausgetretenen Holzdielen. *Tgl. | 199 East Bay Street | Tel. 843 7 24 38 15 | €€*

EINKAUFEN

Charleston ist eine gute Adresse für Liebhaber von Antiquitäten und ungewöhnlichen Kunstobjekten. Die meisten Antiquitätenläden, Galerien und Spezialgeschäfte liegen an King, Broad, East Bay und Meeting Street. *Lowcountry Artists (148 East Bay Street)* zeigt junge Mixed-Media-Künstler aus der Umgebung. *Ben Silver (149 King Street)* gilt als der beste Männerausstatter vor Ort.

ZIEL IN DER UMGEBUNG

DRAYTON HALL
Die bis 1742 erbaute Residenz, einst Mittelpunkt der Draytonplantage am Ashley River, blieb im Bürgerkrieg als einziges der Plantagenhäuser Charlestons unversehrt. Ungeschminkt und ungeliftet, präsentiert sie sich dem Besucher so, wie sie einst von den Draytons verlassen wurde, und erlaubt einen Blick in die Südstaatenarchitektur. *Tgl. 8.30–17 Uhr | nur geführte Touren, jede halbe Stunde | Eintritt $ 20 | 3380 Ashley Road | 21 km nordwestlich von Charleston*

ANLEGESTELLEN

▶ NEW YORK
New York besitzt mehrere Anlegestellen für Kreuzfahrtschiffe in Manhattan und Brooklyn. Vom Anleger in Manhattan ist Midtown fußläufig erreichbar, von Brooklyn aus empfiehlt es sich, ein Taxi zu nehmen.

▶ BAR HARBOR
Kreuzfahrtschiffe ankern im Hafen von Bar Harbor und tendern ihre Passagiere an Land im Zentrum der Stadt. Mit Taxis, dem Acadia National Park Island Explorer Bus und Shuttledienstleistern sind Ausflüge in die Umgebung möglich.

▶ BOSTON
In Boston machen Kreuzfahrtschiffe ca. 3 km vom Zentrum entfernt fest. Am Boston Cruise Terminal stehen Taxis zur Verfügung; außerdem fährt ein Bus in die Innenstadt.

▶ BALTIMORE
Der Hafen von Baltimore, in dem die Kreuzfahrtschiffe anlegen, befindet sich in ca. 5 km Entfernung von der Innenstadt. Taxis sind am Kreuzfahrtterminal verfügbar.

▶ NORFOLK
Norfolk besitzt mit dem Decker Half Moone Center ein modernes Kreuzfahrtterminal in der Nähe des Nauticus Museums. Zwischen Anlegestelle und Terminal verkehrt ein Shuttlebus. Das Zentrum ist fußläufig erreichbar, zudem stehen am Hafenausgang ausreichend Taxis zur Verfügung.

▶ CHARLESTON
In Charleston legen Kreuzfahrtschiffe am Union Pier mit Terminal in unmittelbarer Nähe des historischen Stadtzentrums an, das somit fußläufig erreichbar ist.

CAPE CANAVERAL

Am berühmten Raketenbahnhof Cape Canaveral auf der gleichnamigen Insel vor Titusville öffnet Florida das Tor zur Zukunft.

Hier heben Satelliten und Raumfähren der NASA mit Dampf in den Himmel ab. Hunderte erfolgreicher Weltraumreisen begannen hier, darunter die Apollo-Missionen zum Mond, das Spacelab-Projekt und die „Space Shuttles" genannten Weltraumfähren, die von hier aus in den Orbit aufstiegen. In den besten Zeiten, so beispielsweise während der Apollo-Missionen in den 1960er-Jahren, waren bis zu 25 000 Menschen auf Cape Canaveral beschäftigt. Nicht weit vom Weltraumbahnhof entfernt ist seit den 1960er-Jahren auf Merritt Island der Fracht- und Kreuzfahrthafen Port Canaveral entstanden. Von hier laufen auch Vergnügungsdampfer in Richtung Bahamas und Karibik aus. Ebenso fahren viele Krabbenkutter und Big-Game-Fishing-Charterboote von hier hinaus aufs Meer. Der Fortschritt hatte auch eine umweltbewusste Seite: Nicht von ihr genutztes Land trat die NASA an zwei Schutzgebiete ab. Im Norden ist die ★ *Canaveral National Seashore* eine knapp 21 km lange und nur wenige Hundert Meter breite Barriere-Insel mit unberührter Dünenlandschaft, *hammocks* (Hartholzbauminseln) und Salzwassermarschen. Hier wurden über tausend Pflanzenarten und über dreihundert Vogelarten gezählt, darunter Seeadler, Falken und Waldstörche. Mit etwas Glück kann man in der *Mosquito Lagoon* zwischen Insel und Festland Seekühe (*manatees*) und Meeresschildkröten beobachten.

SEHENSWERTES

KENNEDY SPACE CENTER *(🕮 X/XX)*

Im Eingangsgebäude erhalten Sie Tickets für die Kennedy Space Center Bus Tour zum gigantischen Assembly Building, wo

Raketentechnik und mehr im Kennedy Space Center

die Raumfähren montiert werden, zur Abschussbasis LC 39, zum Apollo and Saturn Center und zum International Space Station Center, in dem Sie durch eine Raumfähre spazieren und NASA-Technikern bei der Arbeit zusehen. Neuestes Highlight ist die im November 2016 eröffnete Attraktion Heroes & Legends, die all den Männern und Frauen gewidmet ist, die im Weltraum unterwegs waren. Hierfür stellten die Helden und Legenden Gegenstände aus Privatbesitz zur Verfügung. *Tgl. 9–17.30 Uhr | Touren ab 50 $ | Visitors Complex Route 405 (via Nasa Causeway) | Abschussdaten: Tel. 1 866 7 37 52 35 | www.kennedyspacecenter.com*

ZIEL IN DER UMGEBUNG

COCOA VILLAGE

Die beiden Siedlungen *Cocoa* und *Cocoa Beach* südlich von Cape Canaveral wuchsen zusammen mit dem Kennedy Space Center heran und haben heute rund 17 000 Einwohner. Der 10 km lange, in mehrere Erholungsparks unterteilte Strand ist wegen seiner gleichmäßigen Dünung besonders bei Surfern populär. Das Herzstück von Cocoa ist das INSIDER TIPP historische *Cocoa Village*, das Mitte des 19. Jh.s entstand. Hinter hübschen Fassaden und unter Schatten spendenden Bäumen verführen zahlreiche Geschäfte, Restaurants und Cafés zum Shoppen und Einkehren.

LOT'S OF FUN

Größter Publikumsmagnet in Cape Canaveral ist zweifelsohne das *Kennedy Space Center*. Doch Port und Cape Canaveral sowie die Umgebung sind darüber hinaus für weitere Themenparks international bekannt. Das *Air Force Space and Missile Museum (Bustouren Mi–So vom Kennedy Space Center aus)* bietet seit seiner Eröffnung im Jahr 1966 fundierte Einblicke in die Raumfahrttechnologie. Direkt in Port Canaveral befindet sich der *Exploration Tower (tgl. 10–17 Uhr | Eintritt 6,50 $ zzgl. Steuer | 670 Dave Nisbet Drive | www.explorationtower.com)*, ein siebenstöckiges Gebäude, das sich ebenfalls der Raumfahrt widmet und von dessen Aussichtsplattform man INSIDER TIPP Raketenstarts von Cape Canaveral beobachten kann. Das westlich von Port Canaveral gelegene Orlando ist sprichwörtlich berühmt für seine zahlreichen Vergnügungs- und Themenparks, darunter *Universal Orlando (www.universalorlando.com)*, ein Ableger der Universal Studios in Hollywood, der auf Action setzt, die *Islands of Adventures (www.universalorlando.com)* mit spektakulären Achterbahnen, *Legoland Florida Resort (www.legoland.com)* südlich von Orlando oder die *Walt Disney World Resort Area (disneyworld.disney.go.com)* mit u. a. dem Disney's Animal Kingdom Theme Park oder dem Magic Kingdom Park.

FORT LAUDERDALE

Wegen seiner zahlreichen Kanäle und Flussarme wird Fort Lauderdale (173 000 Ew.) – Rentnerrefugium und früher auch Partytown der Studenten – oft mit Venedig verglichen.

Boote sind ein sinnvolles Transportmittel – als *Water Taxi (Tagespass 26 $ | Info und Route der gelben Bötchen unter Tel.*

1 954 4 67 66 77 | www.watertaxi.com) oder zum Sightseeing. So kreuzt die *Jungle Queen (Preise ab 25 $ | ab Mahia Mar Docks | 801 Seabreeze Blvd. | Tel. 1 954 4 62 55 96)* vor den Villen der *Millionaire's Row.* Zu Lande bekommen Sie an Bord eines der gelb-roten Busse von *Sun Trolley (Tageskarte 3 $, alle anderen Strecken frei | Las Olas/Beaches | Tel. 1 954 7 61 35 43 | www.suntrolley.com)* eine Stadtrundfahrt für wenig Geld. Zu Fuß erkunden Sie die *Ocean Promenade*, die noble Einkaufsstraße *Las Olas Blvd.* und den *Riverwalk* auf der Nordseite des New River.

SEHENSWERTES

MUSEUM OF DISCOVERY AND SCIENCE

Von den Ökosystemen Floridas bis hin zu Weltraumsimulationen: das beste interaktive Museum in Florida. *Mo–Sa 10–17, So 12–18 Uhr | Eintritt 16 $ | 401 SW 2nd Street | mods.org*

ESSEN & TRINKEN

COCONUTS

Alteingesessenes Restaurant an der Waterfront mit stilvoll tropischer Einrichtung, das vor allem Einheimische aufsuchen. Die *Fish Tacos* und die *Crab Cakes* sind unwiderstehlich. Dazu schmeckt ein hopfenbetontes *Craft Beer. 429 Seabreeze Blvd. | Tel. 1 954 5 25 24 21 | www.coconutsfortlauderdale.com* | €€

EINKAUFEN

GALLERY AT BEACH PLACE

Die einzige Mall der Stadt am Strand. Hier finden Sie u. a. Accessoires für einen Tag am Wasser, Cafés und ein Drive-in-Restaurant. *17 S Fort Lauderdale Beach Blvd. | www.galleryatbeachplace.com*

ZIELE IN DER UMGEBUNG

BOCA RATON

Boca Raton, ca. 32 km nördlich von Fort Lauderdale, ist ein mondäner Ort (90 000 Ew.) mit interessanter Architektur, 1920 von Addison Mizner als Musterort im neomediterranen Stil erbaut. Einen Besuch wert ist das *Boca Raton Museum of Art*. Dank spendabler Mäzene besitzt das kleine Kunstmuseum 4000 herausragende Exponate, u. a. Werke von Picasso und Degas. Im Museumsshop warten hochwertige Mitbringsel. *Di–Fr 10–17, Do bis 20, Sa/So 12–17 Uhr | Eintritt 12 $ | 501 Plaza Real | www.bocamuseum.org*

MITTELMEER RELOADED

Charakterlose Gebäude waren Addison Mizner (1872–1933) ein Gräuel. 1918 kam der Mittelalterfan und Architekt, der selbst keinen Entwurf zeichnen konnte, in Palm Beach an und kreierte den Mediterranean Revival Style. Seine meist pinkfarbenen Häuser, märchenhafte Villen mit L-förmigen Balkonen, maurisch angehauchten Arkaden und unregelmäßigen Dachziegelreihen, wurden ein Verkaufsschlager und inspirieren amerikanische Architekten bis heute. Repräsentative Mizner-Gebäude in Palm Beach sind der *Mizner Court (184 Sunset Av.)* und in Boca Raton die *Old Town Hall (71 N Federal Highway)*.

Breiter Strand und Hochhauskulisse: In Miami Beach geht das zusammen

PALM BEACH

1894 gründete der Eisenbahnpionier Henry Flagler das gut 60 km nördlich von Fort Lauderdale gelegene Palm Beach (8640 Ew.) als Winterferienort für reiche Nordstaatler. Die vornehme Exklusivität von Palm Beach signalisieren bis heute drei Brücken, über die der Ort zu erreichen ist. Am *Ocean Blvd.* finden Sie die typischen grandiosen Häuser.

Auf dem Höhepunkt des *gilded age*, des Goldenen Zeitalters, als Amerika Billionärsfamilien wie die Rockefellers und Vanderbilts hervorbrachte, entstand auch dieser imposante Herrensitz, der heute das Flaggler Museum beherbergt. Die edwardianische Villa macht den Alltag des einst einflussreichsten Unternehmers Floridas lebendig. Nach Ihrem Rundgang können Sie sich im *Café des Beaux-Arts*, Flaglers ehemaligem Lustpavillon, u. a. mit Gourmet-Sandwiches und Tee stärken. *Di–Sa 10–17, So 12–17 Uhr | Eintritt 18 $ | One Whitehall Way | www.flaglermuseum.us*

MIAMI

Vorne Strand, hinten Wildnis, von oben Sonne und mittendrin das quirlige Leben – das ist Miami, das Drehkreuz eines ganzen Kontinents. In dieser Stadt treffen die englischsprachigen USA auf das Spanisch sprechende Lateinamerika.

Miami ist ein Phänomen: Die Stadt ist gerade mal 100 Jahre alt. In atemberaubendem Tempo hat sie sich von einem Fischerdorf zum internationalen Bankenzentrum, zu einer Touristenmetropole und neuerdings auch zum Trendsetter für die Kunstszene entwickelt. Mit der Ankunft der East Coast Railroad im Jahr 1896 begann der Aufstieg in die Stratosphäre des Reichtums. Die exotischste Metropole der USA ist kulturelles Patchwork. Kubaner machen mit den Einwanderern aus El Salvador, Nicaragua und Kolumbien weit über 50 Prozent der Bevölkerung aus. Mit ihnen hat sich Spanisch als zweite Verkehrssprache eingebürgert und der Stadt, die lange Zeit hauptsächlich ein Winterziel pensionierter Amerikaner aus dem Norden war, einen neuen Stempel aufgedrückt. Miamis Architektur bezieht dagegen ihre Anleihen eher von einem mediterranen Stil, der sich in wohlhabenden Vierteln wie Coral Gables und Coconut Grove gehalten hat.

SEHENSWERTES

BASS MUSEUM OF ART

An dieser spannenden Sammlung, die Teil des *Miami Beach Cultural Park* ist, bestechen ganz besonders die interessanten wechselnden Ausstellungen mit unorthodoxer Gegenwartskunst und -architektur. *Mi–Mo 10–17 Uhr | Eintritt 10 $ | 2100 Collins Av. | Miami Beach | thebass.org*

COCONUT GROVE

Der Stadtteil im Süden Miamis konzentriert sich rund um den Kreuzungsbereich von Grand Avenue und McFarlane Road mit seinen vielen Bars und Straßenrestaurants. Zwei Gehminuten entfernt hat, verborgen in tropischem Dickicht, das älteste Haus Miamis (gebaut 1891) Überschwemmungen und Hurrikane überlebt. Als *Barnacle State Historic Site (Mi–Mo 9–17 Uhr | Eintritt 2 $, Führung 3 $ | 3485 Main Highway)* geschützt, erinnert es mit seinen weitläufigen Veranden an eine langsamere Zeit. Schöner Picknickplatz! In der Einkaufszone Coco Walk *(3015 Grand Av./Virginia Street)*, vor allem in der eleganten Mall Streets of Mayfair *(Grand Av./MacFarlane Road)*, tummeln sich Menschen aller Kulturen und Hautfarben.

CORAL GABLES (*🗺 10/E1*)

Der einst vornehmste Stadtteil Miamis entstand Anfang der 1920er-Jahre. Prachtboulevards, schattige Alleen mit mediterranen Villen und makellos manikürte Rasenflächen: Die Miracle Mile, die elegante Einkaufsstraße zwischen Douglas Road und Le Jeune Road, ist das Aushängeschild des Viertels. Sehenswert sind das innen mit kühlem Marmor ausgelegte *Colonnade Building (180 Aragon*

Ein Rausch der Farben am Ocean Drive im Art Deco District

Av.), das Elternhaus des Erbauers von Coral Gables, George Merrick, das *Merrick House (Mi, So 13–16 Uhr | Eintritt 5 $ | 907 Coral Way)* sowie das prachtvolle, 1926 eröffnete *Biltmore Hotel (1200 Anastasia Av. | www.biltmorehotel.com)*, das seinen zuweilen prominenten Gästen Tennis- und Golfplätze sowie ein Polofeld bietet. Sonntags um 13.30 Uhr gibt es eine INSIDER TIPP einstündige Gratisführung durch die historische Herberge.

FAIRCHILD TROPICAL GARDEN (🕮 10/E1)

Nennen Sie es Augenweide oder sinnliche Reizüberflutung: mehr als 5000 tropische Pflanzen in einem Garten. *Tgl. 9.30–16.30 Uhr | Eintritt 25 $ | 10901 Old Cutler Road | Coral Gables | www.fairchild garden.org*

HISTORYMIAMI (🕮 9/A3)

Auf zwei weitläufigen Etagen geht es hier um die Geschichte des Südwestens Floridas, insbesondere Miamis, der Keys und der Everglades. Lohnenswert sind die von INSIDER TIPP Experten angebotenen Stadtrundfahrten. *Di–Sa 10–17, So 12–17 Uhr | Eintritt 10 $ | 101 W Flagler Street*

MUSEUM OF CONTEMPORARY ART (MOCA)

Das berühmte MOCA zeigt hochkarätige moderne wie klassische Kunst. Sein Renommee verdankt es dem Gespür der Kuratoren für neue Trends und Talente. *Di–Fr 11–17, Sa 13–21, So 12–17 Uhr | Eintritt 5 $ | 770 NE 125th Street | North Miami | mocanomi.org*

PATRICIA AND PHILLIP FROST MUSEUM OF SCIENCE (🕮 9/B-C2)

Die ganze Welt der Wissenschaft interaktiv und spannend aufbereitet in einem spektakulären mehrstöckigen Bau mit Freiflächen. *Tgl. 9.30–17.30 Uhr | Eintritt 29 $ | 1101 Biscayne Blvd. | Coconut Grove | www.frostscience.org*

ART DECO

Pastelltöne in tropischen Farben. Stromlinienförmige Fassaden und Ornamente, die der Formensprache von Azteken und Mayas entliehen sind: Mit dieser Kombination haben die Architekten des Art-deco-Viertels eine amerikanische Ikone geschaffen. Dabei ist dem Widerstand einer einzigen Dame zu verdanken, dass die Prachtbauten es bis in die Gegenwart geschafft haben: Während des Baubooms der 1970er-Jahre wollten Investoren alles abreißen. Dank Barbara Capitman können Sie heute durch die Lobbys der Hotels streifen und dort die Kreativität zeitgenössischer Designer bewundern. Rundgänge starten am *Art Deco District Welcome Center (Fr–Mi 10.30, Do 10.30 u. 18.30 Uhr | Preis 25 $)*. Hier erhalten Sie auch Infos zu Touren in eigener Regie *(Di–Sa 10–17, So bis 19 Uhr | 1001 Ocean Drive | Miami Beach | Tel. 1 305 6 72 20 14 | www.mdpl.org)*.

PÉREZ ART MUSEUM ★ (🕮 9/C1)

Das grandiose Pérez Art Museum im Museumspark ist seit 2013 der neue kulturelle Mittelpunkt in Downtown Miami. Das spektakuläre, von Herzog & de Meuron entworfene Gebäude beherbergt vor allem internationale moderne Künstler, darunter John Baldessari, Olafur Eliasson und Wifredo Lam. Jeden 2. Sa und jeden 1. Do im Monat kommt man umsonst hinein. *Fr–Di 10–18, Do 10–17, 1. Do im Monat 10–21 Uhr | Eintritt 16 $ | 1103 Biscayne Blvd. | Downtown | www.pamm.org*

TIEFE FLÜSSE FLIESSEN LANGSAM

Sagt ein Sprichwort. Doch das gilt nicht immer – die Everglades Floridas sind kein Sumpfgebiet, sondern ein Fluss mit extrem langsamer Fließgeschwindigkeit. Und der ist sage und schreibe 80 km breit, aber nur 15 cm tief! Seggen und sonstige Riedgräser verbergen nicht nur das Wasser, sondern auch die extrem langsame Strömung. Da der Höhenunterschied zwischen dem Inland und dem Golf von Mexiko nur 3 m beträgt, benötigt das Wasser rund ein Jahr, bis es nach 160 km im Meer ankommt. Die Sumpf- und Marschlandschaft, an leicht erhöhten Punkten von kleinen Waldinseln durchsetzt und von natürlichen Wasserläufen durchzogen, gilt als sehr empfindliches Ökosystem, das Alligatoren, Pelikanen und seltenen Fischarten eine Heimat bietet.

INSIDER TIPP RUBELL FAMILY CONNECTION

Oft provokant, bietet die Sammlung moderner amerikanischer Kunst der Rubell-Familie einen einzigartigen Querschnitt durch die zeitgenössische Kunstszene des Landes. Anschauen! *Mi–Sa 10–17.30 Uhr | Eintritt 10 $ | 95 NW 29th Street | Miami Downtown/Wynwood Art District | rfc.museum*

INSIDER TIPP VENETIAN POOL

(10/E1)

In den 1920ern entstand aus einem Korallensteinbruch dieses venezianisch inspirierte Schwimmbad, in dem Hollywoodstars der ersten Stunde planschten. *Feb.–April Di–So 10–16.30, sonst Di–Fr 11–17.30, Sa–So 10–16.30 Uhr | Eintritt 15 $ | 2701 De Soto Blvd. | Coral Gables | www.coralgables.com*

VIZCAYA MUSEUM AND GARDENS

Opulenz aus der Zeit, als Amerikas Anti-Trust-Gesetze noch neu und durchlässig waren: Die der italienischen Renaissance nachempfundene, palastähnliche Villa war Winterdomizil und Hobby des kunstsinnigen, mit Landwirtschaftsmaschinen reich gewordenen Industriellen James Deering. Ihre 34 Zimmer sind mit Antiquitäten aus aller Welt möbliert. Nicht minder sehenswert sind die weitläufigen Gärten auf dem 200 000 m² großen Gelände. *Mi–Mo 9.30–16.30 Uhr | Eintritt 18 $ | 3251 S Miami Av. | Coconut Grove | www.vizcaya.org*

THE WOLFSONIAN-FIU

Die Privatsammlung von Mitchell Wolfson jr. ist in einem bunkerähnlichen Gebäude mit Art-déco-Elementen untergebracht und liegt im Herzen des Art Deco District. Gezeigt werden Designobjekte aus der Zeit zwischen 1885 und 1945. Besonders interessant sind die Sammlungen zur British-Arts-&-Crafts-Bewegung und zum Art-nouveau-Stil in den Niederlanden und Italien. *Mo, Mi, Do, Sa 10–18, Fr 10–21, So 12–18 Uhr | Eintritt 12 $, Fr 18–21 Uhr gratis | 1001 Washington Av. | South Beach | www.wolfsonian.org*

WYNWOOD

Mit Street Art *(www.thewynwoodwalls.com)*, Street Food *(www.thewynwoodyard.com)* und hippen Cafés, z. B. Dr. Smood *(2230 NW 2nd Av. | www.drsmood.com)*, ist Wynwood binnen weniger Jahre zum angesagtesten Stadtteil Miamis aufgestiegen. Wo noch vor wenigen Jahren öde Lagerhallen vor sich hin vegetierten, vereint der nördlich von Downtown gelegene Stadtteil heute alles, was trendbewussten Zeitgenossen am Herzen liegt. Angefangen hat alles 2002, als die Art Basel in Miami einen Ableger installiert hat. Mittlerweile buhlen INSIDER TIPP rund 25 Galerien und um die 20 Restaurants, Cafés und Bars um die überwiegend junge Klientel.

ESSEN & TRINKEN

BARTON G.

That's entertainment: Jede Mahlzeit wird in extrem ungewöhnlicher Aufmachung serviert. Die Cocktails heißen dabei „Sin-Sation" oder „Buddhalicious", ein Gericht „Lured by Salmon". Das Ambiente ist elegant. *1427 W Av. | South Beach | www.bartong.com |* €€€

THE WYNWOOD YARD

Streetfood auf höchstem Niveau: In einem Hinterhof im angesagten Stadtteil Wynwood zeigen rund ein Dutzend Küchenchefs ihre Idee von modernem Fast Food. Probieren Sie Calypso Spare Ribs oder spanisch-asiatische Rice Bowls. Dazu: Livemusik und Yoga unter freiem Himmel. *56 NW 29th Street/The Lots | www.thewynwoodyard.com |* €

EINKAUFEN

AVENTURA MALL

Einkaufen ist für Amerikaner Kulturersatz. In diesem dreistöckigen Komplex mit 300 Geschäften können sich Shopaholics und Schnäppchenjäger mit Konsumgütern – von Surfer-Klamotten bis zum Designerkleid – eindecken. *19501 Biscayne Blvd. | Aventura | aventuramall.com*

LINCOLN ROAD MALL ★

Sieben Blocks lange Fußgängerzone zwischen Washington Av. und Alton Road in South Beach mit über 170 Geschäften, 26 Galerien und 48 Restaurants und Bars. Straßenmusik, Farmers' Market *(So 9–19 Uhr)* und INSIDER TIPP Antikmarkt *(jeden 2. So im Winter)*. Das Aroma von Café cubano gibt's im *Lincoln Road Café (Nr. 943)*, die Studios talentierter Künstler aus allen Teilen der USA finden sich im *Art Center/South Florida (800, 810 und 924)*.

ZIEL IN DER UMGEBUNG

BISCAYNE NATIONAL PARK (10/E1)

95 Prozent des 9000 km² großen Schutzgebiets in Sichtweite von Miami liegen unter klarem Wasser. Von einem Glasbodenboot aus können Sie einen Blick auf die faszinierende Unterwasserlandschaft mit bunten Fischen und erhabenen Schildkröten werfen, ohne dabei nass zu werden. *Biscayne Underwater Parks Tour Boat Office | Visitor Information | tgl. 8–17.30 Uhr | Tel. 1 305 2 30 72 75 | www.nps.gov/bisc/index.htm*

Gediegenes Heim für Kunst: das Vizcaya Museum

FLORIDA KEYS

Auf den Florida Keys betreten Sie eine Welt mit tropischem Flair und tiefenentspannten Bewohnern. Wenig erinnert hier an den Rest der USA.

Die Inseln ziehen sich als 180 km lange Kette vom Festland aus bis fast nach Kuba, verbunden durch den Overseas Highway, der mit 42 Brücken, darunter die 11 km lange Seven Mile Bridge, die Autofahrt über das offene Meer ermöglicht. Zahllose der 1000 kleinen Kalkstein- und Mangroveninseln sind nicht bewohnt. Wo Menschen leben, haben diese den Inseln mit sich ins Gesträuch duckenden Holzhäusern und schönen Jachthäfen ihren Stempel aufgedrückt.

HEMINGWAY

Auf Key West erlebte Ernest Miller Hemingway (1899–1961) eine seiner produktivsten Schaffensphasen, hier schrieb er während der 12 Jahre, die er auf der Insel verbrachte, u. a. „In einem anderen Land" und „Wem die Stunde schlägt". In seinem Roman „Der alte Mann und das Meer" verewigte der Schriftsteller die Keys. Seine einstigen Wohn- und Arbeitsräume sind heute Museum. ***(🕮 10/A4)***
Hemingway Home | Tgl. 9–17 Uhr | Eintritt 13 $ | 907 Whitehead Street | www.hemingwayhome.com

CONCH REPUBLIC

Die Insulaner der Florida Keys sind ein eigener Schlag. 1982 verließen sie kurzzeitig sogar die Staatengemeinschaft der USA, weil die Schmuggler jagende Bundespolizei sie zeitweilig nur gegen Vorlage ihres Passes aufs Festland ließ und sie damit wie Ausländer behandelte. Später lenkte Washington ein, doch das ausgeprägte Wir-Gefühl blieb – ebenso wie der Generalsekretär der Conch Republic, der gern feierlich die Staatsangehörigkeit der Muschelrepublik verleiht. Die Conch Republic *(www.conchrepublic.com)* unterhält bis heute ein Hauptquartier, wo Interessenten für 100 $ einen Pass beantragen können.

BUNTES GEMISCH

Die größte Vielfalt an Charakteren finden Sie am äußersten Punkt in Key West. Hier leben die sogenannten *conchs* (sprich: Konks), Alteingesessene, die sich nach

Gelassen das Leben genießen – der Key Spirit im Süden Floridas ist ein ganz eigenes Lebensgefühl unter tropischer Sonne

einer Muschelart benannt haben, eine große gay community, kubanische Flüchtlinge, Künstler und Studenten, die allesamt dem gemächlichen Tempo des Archipels, dem legendären *key spirit*, huldigen. Hektisch war das Leben hier jedoch noch nie, nicht einmal als Key West als Zwischenstopp der Liniendampfschiffe Richtung Golf von Mexiko und Karibik diente, und als Fischer, Naturschwammtaucher und eine Ananasfabrik dem Eiland im 19. Jh. Wohlstand bescherten. Aus den frühen Jahren sind viele Häuser geblieben, ihnen verdankt Key West seinen romantischen Charakter.

ZUTRAULICHE KNOCHENFISCHE

Auf den ersten Blick ist Robbie's Marina in Islamorada ein Angelveranstalter wie jeder andere. Die aufgeregten Menschen an der Pier lassen jedoch vermuten, dass hier noch mehr los ist. Alles begann mit Scarface, einem verletzten Tarpun (einem Vertreter der Gattung der Knochenfische), den Robbie gesund pflegte und danach wieder aussetzte. Der freigelassene Scarface kehrte jedoch zurück, andere Tarpune im Gefolge. Mit Eimern voller Sardinen machen sich die Besucher heute jeden Tag zum Ende des Piers auf, um dort Scarface' Erben zu füttern. Die immer hungrigen, bis zu zwei Meter langen Fische schießen dabei schon mal wie Raketen aus dem Wasser und bringen es zum Brodeln.

NATURSCHUTZ UNTER WASSER

Das Beste des 461 km² großen, 1963 gegründeten ★ John Pennekamp State Park liegt unter Wasser: ein wahrhaft beeindruckendes Farbenpanorama der Natur und Attraktionen wie die zweieinhalb Meter hohe Unterwasserstatue Christ of the Abyss. Der Park verfügt über mehrere Strände, Mangrovenwälder und ein Korallenriffaquarium.

TAMPA

Kubanische Zigarrendreher, griechische Schwammtaucher, Eisenbahnen, Touristen, der Hafen und zwei große Brauereien – sie alle machten aus dem Armeeposten Tampa eine Metropole.

Zusammen mit den umliegenden Städten wie St. Petersburg und Clearwater leben hier über 2 Mio. Menschen. Auf den vorgelagerten Inseln erstreckt sich über 40 km von St. Pete Beach bis Tarpon Springs ein Feriengebiet mit feinsandigen Stränden und hochwertigen Kultureinrichtungen.

SEHENSWERTES

BIG CAT RESCUE

Alles andere als ein Tierpark: Diese Institution pflegt verletzte und verwaiste Wildkatzen wie Tiger, Leoparden oder Ozelots und setzt sich dafür ein, dass solche Tiere nicht mehr privat gehalten oder gehandelt werden dürfen. *Führungen Mo, Di, Mi, Fr 15, Sa, So 10 u. 15 Uhr | 12802 East St. | bigcatrescue.org*

BUSH GARDENS TAMPA ★

Entertainment auf Amerikanisch: Kuriose Mischung aus Safaripark, Zoo und Action auf Hochgeschwindigkeitsachterbahnen, darunter *Sheikra*, der mit 90 Grad (!) steilste Dive-Coaster der Welt. *Tgl. ca. 9–21 Uhr | Tagesticket für Busch Gardens und Adventure Island 105 $, online 90 $ | 3000 E Busch Blvd. | Tampa | buschgardens.com*

ESSEN & TRINKEN

BERN'S STEAK HOUSE

Achtung Steakfans! Bei Bern's wird das Zubereiten von Steaks zu einer veritab-

Fast wie gemalt spiegelt sich die Silhouette von Tampa im Hillsborough River len Kunstform erhoben: Von *very rare* bis *well done* werden bemerkenswerte acht verschiedene Grillzeiten angeboten. Noch mehr Abstufungen hat der Weinkeller aufzuweisen, der mit knapp 7000 Weinen aufwarten kann. *1208 S Howard Av. | Tampa | Tel. 1 813 2 51 24 21 | www.bernssteakhouse.com* | €€€

COLUMBIA

Spanisches Restaurant mitten im historischen kubanischen Viertel Ybor City. Täglich Flamenco. *2117 E 7th Av. | Tampa | Tel. 1 813 2 48 49 61 | www.columbiarestaurant.com* | €€–€€€

EINKAUFEN

YBORS CIGARS PLUS

Hier gibt es sie noch: von Hand gerollte Zigarren aus mittelamerikanischen Tabakblättern. *1725 E 7th Av. | Tampa | yborcigarsplus.com*

ZIELE IN DER UMGEBUNG

SARASOTA

Der spanische Seefahrer Hernando de Soto brachte Sarasota 1539 auf die Landkarte. Doch erst John Ringling, der Gründer von *Barnum & Bailey*, dem größten Zirkus der Welt, machte die Stadt (53 500 Ew.) berühmt. Hier baute er 1926 seinen Wintersitz *Cà d'Zan* und mithilfe von Elefanten auch Brücken, Hotels, ein Theater und ein Museum. Zu besichtigen sind im ★ *Ringling Museum of Art/ Cà D'Zan* der Palast des berühmten Zirkusgründers und dessen Kunstsammlung mit Werken von Peter Paul Rubens, Diego Velazquez und El Greco sowie Erinnerungsstücke aus den Anfangsjahren des Zirkus *(tgl. 10–17, Do bis 20 Uhr | Eintritt 25 $, Kunstgalerie Sa frei | 5401 Bayshore Road | westl. der US 41 | www.ringling.org)*.

CASTLES & KÄUZE

Floridas Pioniere hatten einen ausgefallenen Geschmack: Henry Flagler schenkte seiner dritten Ehefrau 1902 zur Hochzeit Whitehall in Palm Beach mit 55 (!) Zimmern. John D. Rockefeller kaufte sich 1912 *The Casements*, einen vergleichsweise bescheidenen Holzpalast mit zwölf Schlafzimmern, weil ihm das benachbarte Ormond Beach Hotel mehr Geld abnahm als anderen Gästen. Und John Nicholas Ringling legte seiner Frau Mable die dem Dogenpalast in Venedig nachempfundene *Cà d'Zan* in Sarasota zu Füßen. Obendrauf bekam sie ein ganzes Shoppingzentrum am St. Armand's Circle.

Die insgesamt 50 km langen Strände auf den vorgelagerten Inseln *Siesta Key, Lido Key, Longboat Key* und *Anna Maria* gehören zu den schönsten Floridas. INSIDER TIPP *Anna Maria Island* an der Einfahrt zur Tampa Bay ist zudem eine der letzten Inseln ohne Hochhäuser und Apartmentblocks. Stattdessen: bunte alte Holzhäuschen und kleine Strandhotels, die eher Pensionen sind.

THE DALÍ MUSEUM

Salvador Dalí total: die größte Sammlung des so genialen wie skurrilen Spaniers außerhalb seines Mutterlands. The Dalí in St. Petersburg zeigt neben fast 100 Gemälden und 2000 Kunstobjekten des Meisters Dalí-bezogene Ausstellungen und organisiert Events. Im zugehörigen Museumsshop findet man Schönes und Schräges. *Tgl. 10–17.30, Do bis 20 Uhr | Eintritt 24 $ | 1 Dali Blvd. | St. Petersburg | thedali.org*

NEW ORLEANS

„Laissez les bons temps rouler" – „Let the good times roll": Feiern, dass es nur so kracht, das war lange das inoffizielle Motto dieser Stadt, die ihrer Lebensfreude und losen Sitten wegen auch gern *The Big Easy* genannt wurde.

Doch dann, am 29. August 2005, schlug „Katrina" zu. Die Deiche, Kanäle und Pumpen der 1,60 m unter dem Meeresspiegel liegenden Stadt versagten kläglich, und 80 Prozent der Stadt versanken unter 3 m Meereswasser. 1500 Menschen kamen bei dieser größten Flutkatastrophe der USA ums Leben. Mittlerweile hat sich jedoch zumindest das French Quarter wieder weitgehend erholt.

New Orleans ist die am wenigsten amerikanische Stadt der USA. Sie aber europäisch zu nennen, wäre trotz der französischen Vergangenheit töricht. Dies ist ein echter Schmelztiegel, hier begegnet man Afrika, der Karibik, Europa und dem neuen Amerika.

Der Ort wurde 1718 als französische Kolonie gegründet. Die ersten Siedler waren entlassene Strafgefangene, Schmuggler und Damen der Nacht. Von 1763 an regierte Spanien. Französische und spanische Siedler kamen gut miteinander aus, nannten sich, so wie in der Karibik, *creole* für „einheimisch". Gegen den fernen *Escorial* rebellierten sie gemeinsam. 1769 kam es in New Orleans zum ersten – allerdings erfolglosen – antikolonialen Aufstand in Nordamerika, den das spanische Königshaus von Don Alejandro O'Reilly blutig niederschlagen ließ. Im Jahr 1800 musste Spanien die Stadt wieder an Frankreich abgeben, drei Jahre später wurde das Sternenbanner gehisst. *Kaintocks* – Yankees, aus der Sicht der Kreolen allesamt aus Kentucky – übernahmen fortan die Regierung.

FLUSSFAHRTEN

Den Mississippi und verbindende Wasserstraßen hinauf fährt die „Natchez", ein (fast) echter Schaufelraddampfer, Anleger: *Toulouse Street Wharf* unterhalb des *Jackson Square*. Die „Creole Queen" bietet Hafenrundfahrten und eine dreistündige Flussfahrt mit Livejazz *(Jazz Cruise Fr–So 20 Uhr | Ticket $ 72, mit Dinner)* an, Anleger: *Canal Street Dock.* Fast kostenlos ist die *Algiers Point/Canal Street Ferry (Mo–Do 7.15–18.45, Fr bis 20.15, Sa 10.45–20.15, So bis 10.45–18.15 | Ticket $ 2)*: Auf der fünfminütigen Überfahrt zum anderen Flussufer sieht man die Skyline der Stadt und den Betrieb auf dem Ol' Man River.

SEHENSWERTES

INSIDER TIPP AUDOUBON AQUARIUM OF THE AMERICAS *(11/E4)*

Wer sich selbst oder seinen Kleinen ein unvergessliches Erlebnis verschaffen möchte, sollte unbedingt bei den rund 10 000 Meeresbewohnern vorbeischauen. *Tgl. 10–17 Uhr | Eintritt ab $ 22,50 | am Ende der Canal Street am Mississippi | auduboninstitute.org*

BACKSTREET CULTURAL MUSEUM *(11/E2)*

Hübsches kleines Museum im nördlich an das French Quarter angrenzenden Stadtviertel Treme. Hier erfährt man alles über die Mardi-Gras-Kultur der Stadt, mit den Jazz Funerals und Paraden sowie weniger bekannten Aspekten wie den Mardi-Gras-Umzügen der Indianer des Mississippideltas. Wunderschöne Kostüme, manche davon federleicht, andere bis zu 70 kg schwer, sind zu sehen. *Di–Sa 10–17 Uhr | Eintritt $ 8 | 1116 Henriette Delille Street | www.backstreetmuseum.org*

New Orleans' pulsierendes Zentrum, das French Quarter

FRENCH QUARTER/VIEUX CARRÉ ★
(🕮 11/E2-3)

Dieses Viertel ist das Herz von New Orleans, wie man es sich vorstellt, und lässt sich durchaus ziellos erwandern, denn es ist kleiner und kompakter, als es auf den ersten Blick scheint. Schmiedeeiserne Balkongitter, von tropischen Blumen überwucherte Stuckwände, hohe Mauern und Innenhöfe geben genügend Orientierung: Wo sie aufhören, endet auch das Viertel zwischen Canal Street, Esplanade Avenue, Louis Armstrong Park und Mississippi.

Ein zentral gelegener Platz ist der *Jackson Square* mit der spanischen Kolonialstilarchitektur des ausgehenden 18. Jh.s; die ursprünglichen französischen Häuser wurden durch die großen Brände von 1788 und 1794 zerstört.

Nordwestlich des Jackson Square steht die fotogene, 1794 geweihte *St. Louis Cathedral*, die dritte Kirche an dieser Stelle. Halb romanisch, halb barock, mit drei Türmen und einem *Cathedral Garden* ist sie das Pilgerziel der Gläubigen in dieser katholischsten aller Städte der USA. Das Gebäude nebenan mit dem großartigen Balkon ist der *Cabildo (Di–So 10–16.30 Uhr | Eintritt $ 6)*, ehemals Sitz der spanischen Regierung und heute Räumlichkeit für hochinteressante Ausstellungen zur bewegten Geschichte Louisianas. In den Straßen St. Peter und St. Ann sind die dreistöckigen *Pontalba Buildings* bemerkenswert, Wohn- und Geschäftshäuser von 1850; das Haus Nr. 523 in der St. Ann Street, kreolische Oberklasse, beherbergt heute den hochwertigen Souvenirladen *1850 House Museum Store (tgl. 10–17 Uhr)* des *Louisiana State Museum*. Vom *Moon Walk* aus, einer Holzpromenade jenseits der Decatur Street, sind

Sehenswert: National WWII Museum

die Häfen und die Ozeandampfer zu erblicken. Ein paar Schritte zurück liegt der *French Market* aus dem Jahr 1720. Der eigentliche Obst- und Gemüsemarkt ist heute in der *North Peters Street*. Im French Market finden Sie lauter Restaurants und Geschäfte.

Schön ist die das Viertel begrenzende, eichenbestandene *Esplanade Avenue* mit vielen Villen. In der *Old US Mint* ist derzeit u. a. die ★ Sammlung des *New Orleans Jazz Club (Di–So 10–16.30 Uhr | Eintritt frei | 400 Esplanade Avenue)* zu sehen, die die Geschichte dieses eng mit der Stadt verbundenen Musikstils nachzeichnet. Das Gebäude ist das einzige im Land, in dem Münzen für die Union und die Konföderation geprägt wurden.

Zwei alte Häuser an der *Chartres Street* heißen *Napoleon House: Nr. 500* ist heute eine Bar, *Nr. 514* die Reproduktion eines *drugstore*, das hochinteressante INSIDER TIPP *New Orleans Pharmacy Museum (Di–Fr 10–14, Sa 10–17 Uhr | Eintritt $ 5)*. Die *Royal Street* ist bis auf einen Block die Straße der *mansions* und großartigen Geschäftshäuser von einst. Herausragend sind *Nr. 417*, eine *mansion* aus dem frühen 19. Jh., heute das *Brennan's Restaurant (tgl. | €€€)*, vor dem sich schon am Morgen Warteschlangen bilden, und *Nr. 533*, das *Merieult House* von 1792, das die INSIDER TIPP *Historic New Orleans Collection (Di–Sa 9.30–16.30 Uhr | Eintritt frei)* mit Ausstellungen zur Stadtgeschichte beherbergt. Gegenüber steht die *Maison Seignouret* von 1816.

Wie die Royal Street ist auch die ★ *Bourbon Street* den Großteil des Tages für Autos gesperrt. Sie ist die Amüsiermeile voller Bars, Jazzclubs und Nachtlokale. An der Ecke *St. Louis Street* wird das Vergnügen am intensivsten gesucht. So, wie es zwei Napoleonhäuser gibt, stehen an der Bourbon Street gleich zwei *Old Absinthe Houses*. Absinth wird aber in keinem der beiden mehr ausgeschenkt. Das Haus in *Nr. 240* ist das Original aus dem Jahr 1806, jenes in *Nr. 400* übernahm den Namen, als es die Bareinrichtung des anderen während der Prohibition kaufte. In der Nähe der Bars können Sie sich noch zwei schöne alte Gebäude ansehen: das *Hermann-Grima House* von 1831 in *Nr. 820 St. Louis Street*, das vom Stil her eigentlich in Georgia stehen müsste, und die *Casa Hove* aus dem Jahr 1740, heute eine Parfümerie, in *Nr. 723 Toulouse Street*.

CONFEDERATE MEMORIAL HALL MUSEUM

Louisianas ältestes Museum beherbergt die landesweit zweitgrößte, von Südstaatler-Familien zusammengetragene Sammlung von Objekten der Konföderierten und Memorabilien aus der Zeit des Bürgerkriegs. Uniformen berühmter Offiziere, seltene Gewehre, über 500 historische Fotografien und – etwas martialisch – blutgetränkte Regimentsfahnen vermitteln ein Gefühl für die starken Emotionen, die *southerners* bis heute mit dieser Zeit verbinden. *Di–Sa 10–16 Uhr | Eintritt $ 8 | 929 Camp Street*

NATIONAL WWII MUSEUM

Das für das lebensfrohe New Orleans eher ungewöhnliche, gleichwohl sehenswerte Museum im Central Business District konzentriert sich auf die Rolle der USA im Zweiten Weltkrieg. Besonderes Augenmerk liegt dabei auf der Invasion in der Normandie und der Strategie des „Inselhüpfens" im Pazifik. Glanzstücke der Ausstellungen sind komplett erhaltene Bomber, Jäger und Panzer aus dem Krieg. *Tgl. 9–17 Uhr | Eintritt $ 22 | 945 Magazine Street | www.nationalww2museum.org*

NEW ORLEANS MUSEUM OF ART

Ende 1911 mit ganzen neun Ausstellungsstücken eröffnet, beherbergt New Orleans' ältestes der Kunst gewidmetes Haus heute gut 40 000 Objekte. Das NOMA wird besonders für seine französischen und amerikanischen Meister gelobt, darüber hinaus bietet es auch Fotografen und digital kreativen Zeitgenossen ein Forum. *Di–Do 10–18, Fr 10–21, Sa/So 11–17 Uhr | Mi freier Eintritt, sonst $ 10 | 1 Collins C. Diboll Circle*

ANLEGESTELLEN

▶ CAPE CANAVERAL (PORT CANAVERAL)

Der Fracht- und Kreuzfahrthafen von Cape Canaveral, Port Canaveral, liegt auf Merritt Island in der Nähe des Weltraumbahnhofs. Wer weiter entfernte Ziele wie Orlando und die Vergnügungsparks besuchen will, sollte sich einen Mietwagen nehmen. Entsprechende Angebote stehen am Hafen zur Verfügung.

▶ FORT LAUDERDALE (PORT EVERGLADES)

Kreuzfahrtschiffe legen in Fort Lauderdale ca. 10 Minuten mit dem Fahrzeug vom Stadtzentrum entfernt an. Im Hafen stehen Taxis und Shuttlebusse zur Verfügung.

▶ MIAMI

Der Port of Miami besitzt mehrere moderne Kreuzfahrtterminals. Taxis und Mietwagenunternehmen stehen in allen Terminals für ankommende Passagiere zur Verfügung. In ca. 2,5 km Entfernung vom Hafen befindet sich eine Station der Bahnlinie Metrorail. Die Orange Line bringt Sie in das Stadtzentrum. Die Coral Way Route der Buslinie Miami Trolley hält ca. alle 15 bis 20 Minuten am Hafen.

▶ TAMPA

In Tampa ankern Kreuzfahrtschiffe in der Nähe des alten Stadtteils Ybor City. Im Hafen stehen Taxis zur Verfügung.

▶ NEW ORLEANS

New Orleans ist der sechstgrößte Kreuzfahrthafen der USA; die Kreuzfahrtterminals befinden sich in der Nähe des historischen French Quarters. Bei den Terminals befinden sich Haltestellen der Riverfront Streetcar Line. Taxis sind ebenfalls verfügbar.

SEATTLE

Jung und dynamisch ist Seattle – und herrlich gelegen. Die Stadt erstreckt sich zwischen dem Salzwasser des Puget Sound und dem Süßwassersee Lake Washington über zahlreiche Hügel an einer tiefen, zerklüfteten Bucht voller Inseln am Fuß des schneebedeckten Mount Rainier. Ein Nachteil: Es regnet häufig in Seattle.

Die Space Needle ist Seattles unübersehbare Landmarke

1851 gegründet und nach einem indianischen Häuptling benannt, ist Seattle heute mit rund 3,7 Mio. Einwohnern die größte Metropole an der Nordwestküste. Bekannt wurde die Stadt seit dem Zweiten Weltkrieg vor allem als Sitz der Boeingwerke und in jüngerer Zeit als Heimat von Microsoft. In bester Lage am Lake Washington wohnt deshalb hier auch in einem 100 Mio. Dollar teuren Haus Bill Gates, Gründer des Software-Riesen und einer der reichsten Männer der Welt.

SEHENSWERTES

Die moderne Innenstadt liegt am Ufer der Elliott Bay, die renovierte Altstadt um den *Pioneer Square*. Von dort aus zogen vor mehr als 100 Jahren die Abenteurer zum Goldrausch am Klondike. Das *Visitor Center (319 2nd Av. S)* zeigt Ausstellungen und Filme über die Goldgräberzeit. Ebenso restauriert wurde das alte Hafenviertel um den *Pier 59* mit Geschäften, Restaurants, einem ausgezeichneten Aquarium, gigantischem Riesenrad und dem quirligen *Pike Place Market*, wo die Fischverkäufer geradezu artistische Shows einlegen.

INSIDER TIPP EMP

In einem bizarren Metallbau wird die Geschichte der amerikanischen Popmusik hörbar gemacht. Große Ausstellungen auch über Rockmusik und Jimi Hendrix, der aus Seattle stammte. Im selben Bau ist das weltweit einzige *Science Fiction*

Museum untergebracht. *Im Sommer tgl. 10–19 Uhr | Eintritt 22 $ | Seattle Center | 325 5th Av. N | www.mopop.org*

SEATTLE ART MUSEUM *(14/B2)*
Das neue Kunstmuseum in einem spektakulären Bau. Sehr gut: die Ausstellungen zur indianischen Kunst *(Mi–So 10–17, Do bis 21 Uhr | Eintritt 19,50 $ | 1300 1st Av.)*. Besonders sehenswert ist auch der neue, 30 000 m² große INSIDER TIPP *Olympic Sculpture Park* *(Eintritt frei | 2901 Western Av.)* des Museums direkt am Ufer der Elliott Bay, in dem auch zahlreiche Veranstaltungen von Livemusik bis zu Yoga-Workshops stattfinden. *www.seattleartmuseum.org*

SEATTLE CENTER
Das Gelände der Weltausstellung von 1962 ist heute ein Kulturzentrum mit Museen und Vergnügungspark. Dort steht auch das Wahrzeichen Seattles, die 184 m hohe *Space Needle* (Panorama-Aussichtsplattform), die zur Weltausstellung 1962 errichtet wurde. Bezaubernd: der *Chihuly Garden* mit großartiger Glaskunst am Fuß des Turms.

ESSEN & TRINKEN

AQUA BY EL GAUCHO *(14/A1)*
Schick und teuer. Exzellenter Fisch und eine schöne Terrasse direkt am Hafen. *2801 Alaskan Way | Pier 70 | Tel. 1 206 9 56 91 71 | elgaucho.com/dine/aqua | €€€*

INSIDER TIPP **SERIOUS PIE** *(14/B1)*
Kreativ belegte Pizzas und prima Bier- und Weinauswahl. *316 Virginia Street | Tel. 1 206 8 38 73 88 | www.seriouspieseattle.com/downtown | €€*

WILD GINGER *(14/B2)*
Chinesisch-indonesisches Szenelokal nahe dem market mit schickem Publikum und guter Sataybar. *1401 3rd Av. | Tel. 1 206 6 23 44 50 | www.wildginger.net | €€*

ZIELE IN DER UMGEBUNG

MUSEUM OF FLIGHT
Rund 150 alte Flugzeuge, ein Flugauto von 1950 und ein hölzernes Spaceshuttle in der ehemaligen Fabrikhalle von Boeing. *Tgl. 10–17 Uhr | Eintritt 20 $ | südlich der Stadt an der I-5, Exit 158 | www.museumofflight.org*

FUTURE OF FLIGHT/BOEING
Bei Everett, eine halbe Fahrstunde nördlich von Seattle, werden in der größten Montagehalle der Welt die Jumbojets gebaut. Ausstellungen und Führungen durch die Produktionshalle von Boeing. *Tgl. 8.30–17.30 Uhr, letzte Führung 15 Uhr | Eintritt nach Voranmeldung 18 $ | 8415 Paine Field Blvd. | Mukilteo | Tel. 1 888 4 67 47 77 | www.futureofflight.org*

MOUNT RAINIER NATIONAL PARK
4392 m ragt der eisbedeckte Vulkangipfel, so etwas wie Seattles Hausberg, südöstlich der Stadt auf. Straßen führen über die Baumgrenze hinauf zu den Aussichtspunkten *Paradise und Sunrise*.

SAN JUAN ISLANDS
Die pittoreske Inselgruppe rund 130 km nördlich von Seattle liegt direkt an der Grenze zu Kanada. Wenn Ihr Schiff lange genug Station in Seattle macht, lohnt es sich, mit einem Mietwagen hierhin zu fahren. Von Anacortez aus verkehren Auto- und Passagierfähren zu den einzelnen Inseln. Besonders interessant: *Friday Harbour,* denn von dort aus sind auf Bootstouren den ganzen Sommer über Orca-Wale im Labyrinth der Buchten und Meerengen zu beobachten. *Buchung z. B. über: San Juan Excursions (Tel. 1 800 8 09 42 53 | www.watchwhales.com).*

SAN FRANCISCO

Fragt man einen Amerikaner, in welche Stadt er am liebsten fahren möchte, lautet die Antwort: nach San Francisco. Tatsächlich vereint keine andere US-Metropole auf so wenig Raum so viel Charme. In dieser Stadt – die Einheimischen nennen sie liebevoll the *Lady by the Bay* – herrscht Betriebsamkeit, aber keine Hektik, Kultiviertheit, aber keine Borniertheit.

Gebaut auf 40 kleine und sieben große Hügel an der Nordspitze einer Halbinsel, die sich schützend vor die große Bay schiebt, leben heute rund 870 000 Menschen in der Stadt, deren Dynamik die gesamte Bayregion mit ihren rund 8,7 Mio. Einwohnern bestimmt. Zwei Brücken (Golden Gate Bridge und die erst 2013 umgebaute San Francisco-Oakland Bay Bridge), eine U-Bahn und zahllose Fähren verbinden die Menschen beidseits der Bucht.

San Francisco ist gut zu Fuß zu erkunden. An der *Waterfront* gilt es, touristische Zentren wie die berühmte *Fisherman's Wharf* ebenso zu erforschen wie den mediterran wirkenden *Marina District* und die Golden Gate Promenade, die zum Presidio führt, der alten Kasernensiedlung unter Eukalyptusbäumen. Ganz wichtig sind auch das Stadtzentrum und seine angrenzenden Viertel: *North Beach*, das italienische Viertel mit seinen Cafés, Restaurants und Gelaterias. Dann *Nob Hill*, das noble Viertel auf den Hügeln, sowie *Russian Hill* und *Pacific Heights*, wo jede Straße herrliche Blicke auf die Bay bietet. *Chinatown*, das größte Chinesenviertel Nordamerikas, liegt südlich von North Beach. Um den *Union Square*, das Herz von Downtown, bimmeln die *Cable Cars* und locken Theater und Kaufhäuser. Und schließlich das Schwulenviertel *Castro District*, nebenan der mexikanische *Mission District* und *South of Market*, lange verwahrlost, heute kultureller Hotspot mit Galerien, Museen und aufregendem Nachtleben.

SEHENSWERTES

ALCATRAZ ISLAND

Nur neun Insassen gelang je die Flucht von Alcatraz – Thema für mehrere Hollywoodfilme. *The Rock*, der Kerker auf einer Insel in der Bay, galt als das sicherste Gefängnis der Welt. Von 1934 bis 1963 saßen hier berüchtigte Verbrecher wie Al Capone ein – oft viele Jahre. Heute dauert ein Besuch inkl. Bootsfahrt nur 2,5 Stunden. *Ablegestelle: Pier 33 am Ostende von Fisherman's Wharf | Abfahrt tgl. ab 8.45 Uhr, auch Nachttouren | Ticket ab 37,25 $ | Tel. 1 415 9 81 76 25 | www.alcatrazcruises.com | am besten schon vor Antritt Ihrer Kreuzfahrt reservieren*

ASIAN ART MUSEUM

Eines der weltbesten asiatischen Museen. Über 17 000 Objekte aus China, Japan, Indien, Nepal, Tibet und Südostasien, viele gestiftet vom Ex-IOC-Präsidenten Avery Brundage. Guter Shop. *Di–So 10–17, Do bis 21 Uhr | Eintritt 15 $ | 200 Larkin Street | www.asianart.org*

CABLE CARS ★ *(12/B3)*

Die kabelgezogene, über 100 Jahre alte Straßenbahn gehört zu den Wahrzeichen der Stadt. Die *Powell-Mason-Linie* beginnt an der Hallidie Plaza, windet sich in das Nobelviertel Nob Hill hinauf, um auf der Mason Street bis nahe Fisherman's Wharf wieder hinabzufahren. *Powell-Hyde-Linie*: Market/Powell Street bis zur Northern Waterfront. *California-Linie*: California Street von Market Street bis

Einzigartig: die typischen Cable Cars von San Francisco

Van Ness Avenue. Beeindruckend sind im kostenlos zugänglichen Betriebswerk, dem *Cable Car Museum (April–Okt. tgl. 10–18, sonst tgl. 10–17 Uhr | Eintritt frei | 1201 Mason Street/Washington Street | www.cablecarmuseum.org)*, die gewaltigen Antriebsräder, mit denen die Kabel bewegt werden.

CALIFORNIA ACADEMY OF SCIENCE

Stararchitekt Renzo Piano gestaltete den Neubau des riesigen Naturkundemuseums mit modernsten „grünen" Technologien – samt Regenwald und organischen Formen. Schmuckstück des Komplexes ist das Steinhart Aquarium. *Mo–Sa 9.30–17, So 11–17 Uhr | Eintritt 35 $ | Golden Gate Park | www.calacademy.org*

CHINATOWN *(🕮 12/C3)*

Die *Grant Avenue*, heute voller Import- und Souvenirgeschäfte, war früher die Straße der Opium- und Spielhöllen sowie der Bordelle. Schon der Eingang durch das Drachentor mit Pagodendach an der Bush Street macht deutlich, dass es nun exotisch wird. Die *Stockton Street* gilt als zweite Hauptstraße von Chinatown. Mehr als 100 Restaurants drängen sich allein zwischen Stockton und Bush Street sowie Kearny und Broadway. Tipp: *Hunan (924 Sansome Street | Tel. 1 415 9 56 77 27 | €€)* und *Dol Ho (808 Pacific Street | Tel. 1 415 3 92 28 28 | €–€€)*. Einen Blick verdienen auch die pagodenförmige *Old Chinese Telephone Exchange (743 Washington Street)* und *Buddha's Universal Church (720 Washington Street)*. Die ersten Abenteurer aus China kamen, vom Goldrausch angelockt, um 1850. Wenige Jahre später wurden viele von ihnen als Kulis für den Eisenbahnbau eingesetzt. Zuletzt haben Flüchtlinge die Zahl der Chinesen im Westen der USA weiter anwachsen lassen.

CIVIC CENTER

Das kulturelle und politische Zentrum San Franciscos liegt zwischen nicht besonders gepflegten Stadtvierteln, hier befindet sich die *City Hall* mit Kuppeldach, dahinter das *Veteran's Building*, wo 1945 die Charta der Vereinten Nationen unterzeichnet wurde, nebenan das *War Memorial Opera House* mit einem der besten Opernensembles der Welt, der *San Francisco Opera*, und der modernere Bau der *Symphony Hall*.

COIT TOWER ★ (12/C2)

Den zylindrischen, 63 m hohen Aussichtsturm auf der Spitze des 74 m hohen Telegraph Hill ließ Lillie Hitchcock Coit 1933 zu Ehren der Feuerwehrmänner von San Francisco errichten. Vom Coit Tower haben Sie einen hervorragenden Blick über die Stadt und auf die Bucht. *Tgl. 10–18, im Winter 10–17 Uhr | Aufzug 8 $ | Telegraph Hill*

DE YOUNG MUSEUM

In einem weitläufigen, 200-Mio.-Dollar-Bau von Herzog & de Meuron residiert das wichtigste Kunstmuseum der Stadt. Schwerpunkt der Ausstellungen ist amerikanische Kunst. Nicht verpassen: den INSIDER TIPP Turm mit Aussichtsplattform über die City, Skulpturengarten und Café. *Di–So 9.30–17.15 Uhr | Eintritt 15 $ | Golden Gate Park | www.famsf.org*

Weltberühmt: die Golden Gate Bridge

FERRY BUILDING (12/D3)

Witzige Spezialitätenläden, Food-Theken und Restaurants zeigen im reich verzierten Fährgebäude von 1898, das heute als moderne Markthalle dient, die Vielfalt der kalifornischen Küche. Beliebte Attraktion ist samstags auf der Plaza am Ufer der Bucht der Farmer's Market. Vor allem abends lohnt sich nebenan ein Blick auf die Oakland Bay Bridge: Dann leuchtet die Brücke beim Kunstprojekt INSIDER TIPP Bay Lights im Glanz von Tausenden LED-Lämpchen. *Market Street | Embarcadero*

FISHERMAN'S WHARF (12/A-B1)

Am alten Landeplatz der Bayfischer wimmelt es heute von Straßenkünstlern und T-Shirt-Shops. Von hier aus starten die Boote zu den Rundfahrten in der Bay und zur Golden Gate Bridge. Achtung: Viele Restaurants hier sind überteuert. An dem von Geschäften und Aussichtspunkten gesäumten Pier 39 bietet eine Seelöwenkolonie, die hier mehrere Pontons in Beschlag genommen hat, ein inzwischen berühmtes Fotomotiv. Unbedingt einen Besuch verdient das INSIDER TIPP *Musée Mécanique* etwas weiter westlich am Ende der Taylor Street/Pier 45 mit einer wunderbar nostalgischen Ausstellung von alten Musik- und Spielautomaten.

GOLDEN GATE BRIDGE ★

Die Hängebrücke verbindet seit 1937 die Nordspitze von San Francisco mit Marin County. Zwei 230 m über den Wasser-

ESSEN & TRINKEN

San Francisco bietet alle Küchen dieser Welt – schlemmen Sie sich um den Globus

Es heißt, in San Francisco gäbe es so viele Restaurants, dass alle Einwohner gleichzeitig ausgehen könnten und jeder Platz fände. Man sagt aber auch, niemand sei in den USA so sehr auf eine schlanke Linie und auf gesundes Essen bedacht wie die Kalifornier.

Wie passt beides zusammen? Nun, es geht, weil das Essen wirklich gut ist. Die Gastronomie Nordkaliforniens ist die eleganteste und bekömmlichste Amerikas – und ihre Hochburgen heißen San Francisco und Napa Valley. Jahrzehntelang war indes auch diese Küche mit Minderwertigkeitskomplexen beladen. Denn ihre Chefs kopierten nur, was sie in Europa sahen. Dann aber wurde die ***California-Cuisine*** erfunden. Ihr Grundrezept: Koche leicht, variiere die ***ethnischen Spezialitäten der vielen Völker im Land*** und besorge alle Zutaten frisch auf den heimischen Märkten.

Parallel änderten die Winzer des nahen Napa Valley ihre Methoden, gingen von der Massenproduktion zu gut ***gepflegten Weinen*** über. Diese beiden Grundlagen – frische, lokal angebaute Zutaten und leckere Weine – zeichnen auch anderswo eine hervorragende regionale Küche aus. Noch etwas macht die kulinarische Pilgerfahrt durch San Francisco lohnenswert: die Vielfalt der nationalen Gerichte. Japanisch, chinesisch, russisch, deutsch, italienisch, kreolisch, indisch – alles befindet sich quasi Tür an Tür. In einer Stadt mit über 1000 Restaurants können Sie sicher sein: Was nichts taugt, macht schnell wieder zu.

SPEZIALITÄTEN

burrito – Bohnen, Reis, Hühnchen oder Fleisch in eine Tortilla gewickelt. Die De-luxe-Version wird mit Avocado, Sauerrahm und Käse kredenzt

chowder – cremige Suppe; insbesondere die *clam chowder* (Muschelsuppe) gehört zu den Spezialitäten der Stadt

crabs – Krebse, vor allem am Fisherman's Wharf und am Ghirardelli Square werden die köstlichen fangfrischen Taschenkrebse verkauft

hangtown fry – üppiges Omelett mit Austern und Speck

spiegel aufragende Pfeiler tragen eine sechsspurige Fahrbahn, die auf einer Spannweite von 1280 m im Schnitt 67 m über dem Wasser schwebt. Per Mietfahrrad können Sie über die Brücke radeln. Alternativ lohnt ein Fußmarsch – hin und zurück dauert er etwa zwei Stunden *(von der Endstation des Muni-Busses Nr. 28 aus)*. Auch unter der Brücke zu stehen und hinaufzuschauen (guter Ausblick von *Fort Point National Historic Site*, 1850 zum Schutz der Golden Gate Passage gebaut) ist atemberaubend.

ZEITREISE

Kinofans aufgepasst! Mit der *San Francisco Movie Tour ($ 49 | sanfranciscomovietours.com)* geht es zu den Originalschauplätzen von Filmen wie „Vertigo", „Mrs. Doubt-fire", „Bullitt", „The Rock", „Star Trek 4", oder „Der Malteserfalke"! Und während der Fahrt sehen Sie über 70 Ausschnitte aus diesen Streifen – einen besseren Vergleich zwischen San Francisco damals und heute gibt es kaum.Ein einzigartiges Erlebnis ist auch die *Magic Bus Tour ($ 70 | magicbussf.com)*, produziert von den Schöpfern der Alcatraz-Audiotour, Jens-Peter Jungclaussen und dem Antenna Theater. Die 90-minütige Reise in die 1960er-Jahre ist eine lebhafte Mischung aus Besichtigungstour, Dokumentarfilm und Mitmachschauspiel. An historischen Stellen fahren Leinwände herunter und geben einen Einblick in die 60er: Wettrennen zum Mond, Beatniks und Flower-Power inklusive. Ein charmantes Blumenmädchen teilt sogar LSD-Trips aus – wirkstofffrei, versteht sich.

GOLDEN GATE PARK ★

Frisbee-Wiesen, Rad- und Rollerblade-Wege, Festivals und bunte Gärten – der bis zum Pazifik reichende, 4,1 km² große Park – der damit sogar größer ist als der Central Park in New York – ist vor allem an Wochenenden der geliebte Spielplatz der San Franciscans. Und seit dem legendären Summer of Love 1967 hat er auch sein Hippie-Image weg – Marihuana-Wölkchen über den Wiesen beweisen es. Weltweit berühmt als Wahrzeichen der Stadt ist der *Japanese Tea Garden* im Ostteil des Parks. Hier liegen auch mehrere Museen und das prächtig renovierte *Conservatory of Flowers*, ein filigranes weißes Gewächshaus im Stil der Kew Gardens in London.

INSIDER TIPP HAYES VALLEY

Das neueste Trendviertel der City liegt direkt hinter dem Rathaus entlang der Hayes Street. Per Bürgerversammlung wurden Kettenläden verboten (sogar Starbucks), und so drängen sich hier jetzt witzige Schuh- und Klamottenläden, schräge Galerien und individuelle Bars und Restaurants wie das Frühstücksdiner *Stack's (501 Hayes Street)*. Dass San Francisco die Stadt des Jazz an der Westküste ist, wird hier ebenfalls deutlich: 2013 eröffnete hinter der Sinfoniehalle San Franciscos neues *Jazz Center (201 Franklin Street | www.sfjazz.org)* mit mehreren Konzerträumen, in denen fast täglich Aufführungen stattfinden, und einem exzellenten kleinen Tapas-Restaurant.

MISSION DOLORES PARK

Der schön gelegene Park neben der kleinen Adobe-Kirche am Nordende des Missionviertels – sie war einst die Keimzelle der Stadt – ist beliebt für Picknicks und Festivals und bietet einen großartigen Blick auf die Skyline der City. *Dolores Street/18th Street*

Asiatische Exotik im Japanese Tea Garden

SAN FRANCISCO MARITIME NATIONAL HISTORIC PARK *(12/A1)*
Seefahrtsgeschichte am Beispiel alter Schoner und Dampfer kann man am *Hyde Street Pier (Hyde Street / westlich von Fisherman's Wharf)* bewundern. Im Museumsgebäude: Exponate aus der Geschichte der Meeresschifffahrt und des Fischfangs. *Tgl. 9.30–17 Uhr / Eintritt 10 $ / 900 Beach Street/Polk Street*

SAN FRANCISCO MUSEUM OF MODERN ART (SFMOMA) *(12/C4)*
Er ist der spektakulärste Tempel der modernen Kunst in der City – vor allem seit 2016 der Anbau von Snohetta eröffnet wurde und sich damit die Ausstellungsfläche des ansonsten postmodernden Baus verdoppelte. Sehr nötig bei fast 30 000 Werken in der Sammlung mit Schwerpunkt auf dem abstrakten Expressionismus inklusive eines *Photography Centers. Do 10–21, Fr–Di 10–17 Uhr / Eintritt 25 $ / 151 3rd Street / Kartenreservierung zu empfehlen: www.sfmoma.org*

YERBA BUENA GARDENS *(12/C4)*
Welche Überraschung: eine friedliche grüne Wiese im Herzen der City! Und dazu ein guter Ausblick auf die Skyline. Teil des kleinen Parkkomplexes sind ein Theater, zahlreiche Skulpturen, der *Wasserfall Martin Luther King, Jr. Memorial* sowie das *Children's Creativity Museum*.

ESSEN & TRINKEN

ARIZMENDI BAKERY
San Franciscos Antwort auf die Fast-Food-Manie: Bäckerei am Südrand des Golden Gate Park, die den Angestellten gehört und leckere Brote, Pizzen und Focaccias verkauft. *1331 9th Av. (auch 1268 Valencia Street) / www.arizmendibakery.com /* €

B *(12/C4)*
Hinter den riesigen Glasfronten öffnet sich der Blick auf die Skyline der City. Kalifornische Küche. *Yerba Buena Center / 720 Howard Street / Tel. 1 415 4 95 98 00 / www.bsanfrancisco.com /* €€

THIRSTYBEAR *(12/C4)*
Trendige Braukneipe mit Ökobier und Tapas. *661 Howard Street | Tel. 1 415 9 74 09 05 | thirstybear.com | €€–€€€*

ZIELE IN DER UMGEBUNG

SAUSALITO & TIBURON
Sausalito (7300 Ew.) und Tiburon (8300 Ew.) sind zwei liebenswerte Städtchen, die San Francisco gegenüber in Marin County liegen. Schön sind die Straßen direkt an der Bucht mit den vielen Boutiquen, Galerien und Restaurants. Herrlicher Blick auf die San Francisco Bay von Restaurants wie The Trident und Spinnaker oder Barrel House Tavern. Pittoresk ist die bunte Ansammlung von 400 Hausbooten an der Richardson Bay nördlich von Sausalito.

SILICON VALLEY
Die Wortschöpfung für die massierte Ansiedlung von Computer- und Chipherstellern im Santa Clara Valley ca. 65 km südlich von San Francisco dokumentiert Kaliforniens Innovationskraft. Viel aber gibt es nicht zu sehen von den technischen Giganten wie Intel, Apple oder Google: Industriehallen, Ladenstraßen und Wohnviertel prägen das Bild zwischen Palo Alto und San Jose. Informativ und sehr gut gemacht ist das *Computer History Museum (Mi–So 10–17 Uhr | Eintritt 17,50 $ | an der US 101, Exit Shoreline Blvd. | www.computerhistory.org)*, dessen Ausstellungen von alten Cray-Computern bis zum autonom fahrenden Google-Auto reichen.

SANTA BARBARA

In Santa Barbara schlägt das Herz der kalifornischen Riviera: Jachthäfen, Palmenalleen, blühende Gärten und eine junge Szene dank der Universität am Nordrand der Stadt.

So sehenswert wie zu Zeiten ihrer Errichtung: die Mission Santa Barbara

Santa Barbara (92 000 Ew.) wurde 1786 von Spaniern gegründet. Deren Einfluss auf Baustil und Flair zeigt sich bis heute. Die mit roten Gehwegsteinen markierte *Red Tile Tour* führt zu den Gebäuden aus der spanischen Epoche *(Start am County Courthouse, Anacapa Street)*.

SEHENSWERTES

MISSION SANTA BARBARA

Franziskanerpadres errichteten 1820 die ★ wohl schönste Mission Kaliforniens mit einer von römischen Tempeln inspirierten Fassade. Vom Erdbeben 1925 verwüstet, wurde ihr Originalzustand wiederhergestellt. *Tgl. 9–16.15 Uhr | Eintritt 9 $ | Upper Laguna Street*

INSIDER TIPP MORETON BAY FIG TREE

Ein eindrucksvolles Werk der Natur ist der mehr als 140 Jahre alte *Moreton Bay Fig Tree* südlich der Innenstadt, ein riesiger Feigenbaum, dessen weit gewundene Äste Längen bis zu 50 m entwickelt haben.

ESSEN & TRINKEN

ENDLESS SUMMER

Gute Drinks zu frischem Fisch und Steaks vom Grill. Gratis dazu gibt's einen schönen Blick über den Jachthafen. *113 Harbor Way | Tel. 1 805 5 64 12 00 | €–€€*

THE LARK

Rustikal gestylter Speisesaal mit dem Feeling einer Gartenlaube. Gekocht wird modern-kalifornisch, ökobewusst und möglichst mit regionalen Zutaten. *131 Anacapa Street | Tel. 1 805 2 84 03 70 | €€€*

EINKAUFEN

Am Ende der State Street liegt direkt am Meer *Stearns Wharf* mit Shops und Restaurants. Jeden Sonntag findet im Palm Park die INSIDER TIPP *Santa Barbara Arts and Crafts Show* statt, bei der Künstler aus der Umgebung ihre Werke verkaufen. Zum großen Shoppen lädt auch das *El Paseo (Canyon Perdido Street | zwischen State und Anacapa Street)* ein, in dem schon die spanischen Besatzer Handel trieben.

ZIELE IN DER UMGEBUNG

CHANNEL ISLAND NATIONAL PARK

Fünf der unbesiedelten Inseln vor der Küste zwischen Santa Barbara und Ventura schützen Seelöwenkolonien, seltene Braunpelikane und viele andere einheimische Arten. Auch die Gewässer um die Inseln gehören zum Park und bewahren einzigartige unterseeische Kelpwälder aus Riesentang. Bootstouren von Santa Barbara aus sowie spektakuläre Tauchtouren organisiert *Truth Aquatics (301 W Cabrillo Blvd. |Tel. 1 805 9 62 11 27 | www.truthaquatics.com)*; Bootstouren zum Wal- und Delfinbeobachten bietet *Condor Express (301 W Cabrillo Blvd. | Tel. 1 805 8 82 00 88 | condorexpress.com)*.

SANTA YNEZ VALLEY

Knapp 60 km landeinwärts liegt am Highway 154 die Landschaft, die durch den Film „Sideways" bekannt wurde: idyllische Weingärten, saftige Weiden und Pferdegestüte. Witzig ist am Nordende des Tals *Solvang*, eine dänische Folkloresiedlung mit Fachwerkhäusern sowie dänischen Restaurants und Geschäften. Gute Adressen zur Weinverkostung sind der *Firestone Vineyard (5017 Zaca Station Road)* oder die rein ökologisch produzierende *Sunstone Winery (125 N Refugio Road | Santa Ynez)*. Super-Steaks serviert in Buellton das INSIDER TIPP *AJ Spurs (350 E Hwy. 246 | Tel. 1 805 6 86 16 55 | €€)*.

LOS ANGELES

Los Angeles ist einer der mysteriösesten und faszinierendsten Orte der Welt. Hier begegnet man tatsächlich Filmstars auf der Straße. Die Kellner im Restaurant sind eigentlich Schauspieler, die Schuhverkäufer in der Mall in Wirklichkeit Drehbuchautoren. Wenn man sich durch diese Stadt bewegt, die Sonne im Gesicht und die von Palmen gesäumten Boulevards im Visier, dann fühlt man sich oft wie im Film.

L. A. ist keine Metropole im herkömmlichen Sinn, sondern eine Mega-City (13,3 Mio. Ew.), ein bunter Flickenteppich aus Bezirken und Einzelstädten auf rund 12 000 km² Fläche. Jedoch verfügt dieser vitale Gegenpol zu New York, mittlerweile auch dank fabelhafter Museen das Kulturzentrum der Westküste und bedeutender Technologie-Forschungsstandort, durchaus über Kristallisationspunkte. Die wohlhabenden Orte entlang der 65 km langen Küste wie *Malibu*, *Pacific Palisades*, *Santa Monica*, *Venice Beach* und *Marina del Rey* z. B. gehören dazu. Aber auch die aus Angst vor Erdbeben erst sehr spät mit Wolkenkratzern bebaute Downtown, die einen Bauboom spektakulärer Architektur wie der Disney Hall erlebt. Oder die palmenbekränzten Villenviertel der Stars in *Beverly Hills* und den Hügeln von *Hollywood*. Nicht zu vergessen die Slums in *East* und *South Central Los Angeles* mit Rassenunruhen und Kriegen schießwütiger Jugendgangs.

SEHENSWERTES

INSIDER TIPP ABERGAMOT STATION ARTS CENTER

Rund 30 Galerien zeigen auf einem alten Fabrikgelände Avantgardekunst und Objekte zeitgenössischer kalifornischer Künstler. Beim Bummeln entdeckt man z. B. Andy Warhols Werke in der Revolver Gallery, die auf moderne Malerei spezialisierte Skidmore Contemporary Gallery, die Robert Berman Gallery, die oft Fotografie und Videos zeigt, und auch ein Gallery Cafe befindet sich hier. *Di–Fr 10–18, Sa 11–17.30 Uhr | Eintritt 15 $ | 2525 Michigan Av. | bergamotstation.com*

BEVERLY HILLS

Wo so viele Reiche und Berühmte leben – ob Diana Ross, Jack Nicholson, Sylvester Stallone, Jennifer Lawrence, Bruce Willis, Warren Beatty oder Jay Leno –, sind Stadtpläne mit deren Adressen *(star maps)* ein Hit. Die Faltblätter werden von fliegenden Händlern entlang des Sunset Boulevard angeboten. Zu „entdecken" sind Gartenmauern, Gärtner und gepflegte Hecken sowie die patrouillierende Polizei von Beverly Hills. Am und um den Rodeo Drive liegt zwischen Bed-

Am Abend hüllt sich die Megacity in ein warmes, sanftes Licht

ford und Rexford Drive, Santa Monica und Wilshire Boulevard das ★ *Goldene Dreieck*. Hier finden Sie die teuersten Geschäfte der Welt, an die 130 Restaurants, in denen Sie stilvoll pausieren können, und berühmte Hotels wie das *Beverly Wilshire (9500 Wilshire Blvd.)*, wo Richard Gere mit seiner „Pretty Woman" das Filmglück fand.

DOWNTOWN

Das Stadtzentrum liegt südlich der Kreuzung zweier Hauptverkehrsadern, des Hollywood und des Harbor Freeway. Es ist die einzige Ansammlung an Wolkenkratzern in der weiten Ebene, was der Blick von der Observation Platform des *US Bank Tower (633 W Fifth Street)* eindrucksvoll bestätigt. Für reichlich Adrenalin sorgt dort oben die neueste Attraktion von L. A.: eine gläserne Rutsche in 310 Meter Höhe. Handschweiß ist garantiert! Neben Banken und Bürotürmen ist Downtown vor allem ein Kulturzentrum. Unbedingt einen Blick verdient am Hügel das *Music Center*, direkt neben der Oper, der 2003 von Frank Gehry in fließenden Formen errichteten *Walt Disney Concert Hall (111 S Grand Av./First Street)*. Unmittelbar nebenan erhebt sich seit 2015 der 140 Mio. Dollar teure neueste Kulturpalast der City: das in eine komplizierte Wabenstruktur gehüllte Kunstmuseum *The Broad (Di/Mi 11–17, Do/Fr 11–20, Sa 10–20, So 10–18 Uhr | Eintritt frei | 221 S Grand Av.)*

Eine beliebte Kulisse vieler Hollywoodfilme ist die maurische Bahnhofswartehalle der *Union Station (800 N Alameda Street)*. Von hier fährt der Coast Starlight nach Oakland und San Francisco.

Die *City Hall (200 N Spring Street)* ist eines der höchsten Gebäude der Stadt. Der INSIDER TIPP *Grand Central Market (317 S Broadway)* ist mit seiner vorwiegend Spanisch sprechenden Kundschaft der lebhafteste Markt der Stadt. Das ehrwürdige *Biltmore Hotel (506 S Grand Av./W Fifth Street)* lädt zu einem Tee in der altspanisch gestylten Lobby ein – hier können Sie noch den Glanz vergangener Zeiten erahnen. Einfach und schnell können Sie sich in dem 2 km² großen Areal der Downtown mit dem Kleinbusservice *Dash* bewegen *(50 Cent)*. Dessen F-Route führt zum Staples Center, einem Sport- und Entertainmentkomplex am Südende der Downtown, in dem auch die Grammys verliehen werden.

Moderner Kunsttempel: das Getty Center

GETTY CENTER ★

Das reichste Museum der Welt, mit einem Stiftungskapital von 2 Mrd. Dollar, residiert in einem ultramodernen Komplex des New Yorker Architekten Richard Meier hoch über Brentwood. Allein die großartige Aussicht über die schier unendliche Stadtlandschaft von L. A. lohnt den Besuch, die Sammlungen des Ölmagnaten Jean Paul Getty umfassen vor allem Highlights der europäischen Kunst vor 1900. *Di–So 10–17.30, Sa bis 21 Uhr | Eintritt frei | 1200 Sepulveda Blvd.*

Die große Antikensammlung des Museums ist in der berühmten *Getty Villa (Mi–Mo 10–17 Uhr | Eintritt frei (Online-Ticketvorbestellung ratsam) | 17985 Pacific Coast Highway)* am Meer untergebracht. *www.getty.edu*

HOLLYWOOD BOULEVARD

Was von den Glanztagen der alten Studios noch übrig geblieben ist, finden Sie auf dem Hollywood Boulevard zwischen Vine Street und La Brea Avenue, wo – fast verdeckt von den Souvenir- und T-Shirt-Läden – das ★ *TCL Chinese Theatre (6925 Hollywood Blvd.)* steht. Der Innenhof des drachengeschmückten, pagodenartigen Kinos ist der Ort, an dem 1927 Mary Pickford und Douglas Fairbanks als Erste mit der Tradition begannen, die Abdrücke ihrer Hände und Füße im frischen Zement zu hinterlassen. Heute findet man über 200 *Hollywoodgrößen* im Pflaster verewigt. Abends steigt im TCL noch manche prestigeträchtige Filmpremiere mit vielen Stars und Paparazzi. Weitere Prachtkinos aus den Glanztagen Hollywoods warten gegenüber: so das *El Capitan Theatre* oder das *Egyptian Theatre*, in dem einst „Ben Hur" und „My Fair Lady" Premiere feierten.

Die meisten Filmberühmtheiten sind jedoch jedes Jahr zur Oscarverleihung nebenan im *Dolby Theatre (Führungen tgl. 10.30–16 Uhr | 23 $ | 6801 Hollywood Blvd./Highland Av.)* zu erleben, einem schicken Entertainmentkomplex mit Läden und Restaurants. Ringsum befindet sich auf den Bürgersteigen des Hollywood Boulevard der Walk of Fame, rosafarbene Marmorsterne mit den Na-

EINKAUFEN

Luxus oder Schnappjagd – alles ist möglich in den Tempeln des Konsums

Die Einkaufsmöglichkeiten in L. A. sind gigantisch und vielfältig. Aber das ist noch nicht alles, hier herrscht auch rund ums Jahr Ausverkauf *(sale)*.

An Feiertagen, wenn bei uns alle Läden geschlossen sind, werden hier besonders viele Sonderangebote angepriesen. Denken Sie aber daran, dass die Verkaufssteuer nicht im Preis inbegriffen ist. Überall werden 9,25 Prozent *sales tax* addiert.

SHOPPING MALLS

Los Angeles ist ein Shopping-Mall-Paradies. Im Großen und Ganzen gibt es jedoch, mit kleinen Abweichungen, überall die gleichen Kaufhäuser und Läden wie Victoria's Secret oder Turnschuhboutiquen mit Nike oder Reebok. Zu den beliebtesten Malls gehören das *Beverly Center* mit einem riesigen Angebot an Läden, *The Grove* wegen seiner einladenden Atmosphäre unter freiem Himmel sowie die *Santa Monica Place Mall*, ebenfalls open air. Das teuerste Pflaster ist der Rodeo Drive mit der weltweit höchsten Dichte an Luxusläden.

TYPISCHE SOUVENIRS

Souvenirs wie Filmposter, Post- und Autogrammkarten, Schlüsselanhänger oder T-Shirts bekommen Sie auf dem *Hollywood Walk of Fame* entlang des Hollywood Boulevard zwischen Gower Street und La Brea Avenue in Hollywood. Sonnenbrillen, T-Shirts und mehr werden auf dem *Ocean Front Walk* zwischen Marine Street und Windward Avenue am Venice Beach angeboten.

SECONDHAND

Einmal gekleidet sein wie die Stars? Im *Decades (8214 Melrose Av./Harper Av. | Beverly Grove)* finden Sie eine exquisite Auswahl an ausrangierten Chanel-Kostümen, Dior-Schuhen und Yves-Saint-Laurent-Roben aus den Kleiderschränken der Hollywood-Ladys. Bei *It's a Wrap (3315 W Magnolia Blvd. | Burbank | www.itsawraphollywood.com)* wiederum können Sie ausrangierte Designermoden aus den Kostümabteilungen der Hollywoodstudios zu Flohmarktpreisen erstehen.

„THE ENVELOPE, PLEASE"

Am 16. Mai 1929 wurde die vergoldete Statue im Hollywood Roosevelt Hotel zum ersten Mal verliehen. Die Gewinner standen vorher fest, und der als bester Hauptdarsteller ausgezeichnete Schauspieler Emil Jannings befand sich bereits auf dem Heimweg nach Deutschland, als die Zeremonie begann. Die *Academy of Motion Pictures Arts and Sciences* – derzeit hat sie 6687 Mitglieder aus der Showbranche, die ihre Stimmen abgeben – nannte den Preis 1939 Oscar. Woher der Name kommt, ist unklar. Zurzeit werden die begehrten Oscars (offizieller Name: Academy Awards) in über 30 verschiedenen Kategorien Ende Februar/Anfang März im Dolby Theatre in Hollywood verliehen.

men von Prominenten aus dem Showbusiness. Über 2500 Sterne wurden seit 1960 ins Pflaster eingelassen – inzwischen zum Preis von je 10 000 Dollar. Das Geld muss jeder Star als Preis für seinen Ruhm selbst aufbringen. Von den Terrassen im hinteren Teil des *Hollywood & Highland Center* ist auch das berühmte, in riesigen weißen Lettern gestaltete Hollywood-Schild in den Bergen über der Stadt zu sehen.

INSIDER TIPP THE HOLLYWOOD MUSEUM

Auf vier Stockwerken erzählt das Museum mit alten Postern, Originalkostümen und Kulissensets die Geschichte der Filmindustrie. Besonders schön: die Schminkräume des legendären Visagisten Max Factor, dem das Gebäude früher gehörte. *Mi–So 10–17 Uhr | Eintritt 15 $ | 1660 N Highland Av. | Hollywood | thehollywood museum.com*

HUNTINGTON LIBRARY, ART COLLECTIONS & BOTANICAL GARDENS

Auch hier finden Sie L.-A.-Superlative: Der 2 km² große botanische Garten bietet eine der INSIDER TIPP größten Kakteenpflanzungen der Welt sowie einen chinesischen Garten. Und die Bibliothek enthält 6 Mio. Bücher und Schriften, darunter auch eine Gutenbergbibel. Zudem gibt's britische Kunst des 18. und 19. Jh.s in der Art Gallery. *Mi–Mo 10–17 Uhr | Eintritt 23 $, an Wochenenden 25 $ | 1151 Oxford Road | San Marino | www.huntington.org*

LOS ANGELES COUNTY MUSEUM OF ART

Das größte Museum im ganzen Westen der USA besitzt in seinem über 130 000 Werke umfassenden Fundus europäische und amerikanische Kunst, aber auch hervorragende koreanische und japanische Werke. Auffälligster Neubau innerhalb des großen Komplexes ist das 150 Mio. Dollar teure, von Renzo Piano gestaltete Broad Museum of Contemporary Art at LACMA mit oft riesig großen Installationen. *Mo/Di, Do 11–17, Fr 11–20, Sa/So 10–19 Uhr | Eintritt 15 $ | 5905 Wilshire Blvd. | www.lacma.org*

SANTA MONICA

Der Strandvorort von L. A. hat sich zu einem Zentrum der kreativen Avantgarde entwickelt. An der Main Street drängen sich Galerien und neue Restaurants. Und die Fußgängerzone *Third Street Promenade* ist eine der beliebtesten Flaniermeilen in ganz Los Angeles.

Nur einige Schritte weiter zieht sich der schön begrünte *Palisades Park* entlang der *Ocean Avenue* hin. Umrahmt von Palmen und Agavenblüten spazieren Sie hier auf den Klippen über dem Strand mit Blick auf den Pazifik und die Santa Monica Mountains. Auf dem *Santa Monica Pier* am Ende der Colorado Avenue gibt es jede Menge T-Shirts, Souvenirs und ein Karussell für die Kleinsten.

UNIVERSAL STUDIOS HOLLYWOOD ★

Einen Blick hinter die Kulissen bietet die Studio Tour, eine Fahrt durch die Filmstudios, wo Serien wie „Columbo" und Filme wie Hitchcocks „Psycho", „King Kong", „Terminator", „Fluch der Karibik" oder „Indiana Jones" entstanden. Dazu gibt es Achterbahnen, Stuntshows, Filmattraktionen wie *Transformers* oder *The Simpsons*, die hier im nachgebauten Springfield leben, und einen eigenen Nightlifebezirk, den *Universal City Walk*. Echte Highlights sind die Stuntshow *Waterworld* und auch die *Wizarding World* of Harry Potter, in der die Fans des Zauberlehrlings viele Figuren und Szenen wiedererkennen werden. *Tgl. 10–18, im Sommer 9–20 Uhr | Eintritt 105–116 $ | Freeway 101/3900 Lankershim Blvd. | www.universalstudioshollywood.com*

VENICE BEACH ★

Am Wochenende erwacht der Boardwalk, die etwas vergammelte Promenade, die für das kalifornische Fitnessbewusstsein steht, zu neuem Leben. Noch immer treffen sich in Venice Beach Muskelmänner zum Training, während auf dem Boardwalk knapp bekleidete Rollerblader und wohlgebräunte Biker ihre Körper zur Schau stellen. Cafés, Bike- und Bladevermieter sowie Souvenirstände drängen sich am Fuß der *Windward Avenue*, wo auch in einem Bikepark die Rollerblade-Künstler auftreten. Witzige Restaurants,

Poppig bunt geht's zu in den Universal Studios

Fast unwirklich idyllisch erscheint der Hafen von Avalon

Galerien und Trendläden können Sie entlang des INSIDER TIPP *Abbot Kinney Boulevard* nur ein paar Straßen weiter im Binnenland entdecken.

ESSEN & TRINKEN

CAFÉ DEL REY

Leichte California Cuisine mit Mittelmeerakzenten. Viel frischer Fisch und Gratisblick auf den Jachthafen. Single-Treff mit starken Drinks. *4451 Admiralty Way | Marina Del Rey | Tel. 1 310 8 23 63 95 |* €€€

LEMONADE

Gesund, frisch, lecker – und schnell, geht das? Ja, in den Filialen dieser schicken Fast-Food-Kette aus L. A. wird im Cafeteriastil allerlei Feines und auch Veganes aufgetischt. *301 Arizona Av. | Santa Monica |* €

INSIDER TIPP MEL'S DRIVE-IN

Ein Coffeeshop wie aus dem Film – besucht auch von vielen Stars. Gut zur Einstimmung: *melsdrive-in.com. 8585 Sunset Blvd. | West Hollywood |* €

ZIEL IN DER UMGEBUNG

PASADENA

15 km nordöstlich von Los Angeles liegt Pasadena (140 000 Ew.), dessen Altstadt um die Colorado Avenue zum Treffpunkt geworden ist. Sehenswert: das *Norton Simon Museum (Mo, Mi/Do 12–17, Fr/Sa 11–20, So 11–17 Uhr | Eintritt 12 $ | 411 W Colorado Blvd.)* mit Picasso-Zeichnungen und Werken von Kandinsky und Klee, dazu eine schöne Gartenanlage. Die Stadt ist zudem ein Mekka für Antikfans, die vor allem an der Holly Street zwischen Fair Oaks und Los Robles fündig werden.

SANTA CATALINA

Die Insel (4000 Ew.) mit in der Woche leeren Stränden liegt 30 km von L. A. entfernt und ist ein beliebtes Anlaufziel für Kreuzfahrtschiffe geworden. Von Kaugummikönig William Wrigley

(1861–1932) stammt das Kasino in der Inselhauptstadt Avalon, seine Villa ist heute Luxushotel.

Die Insel allerdings nur hierauf reduzieren zu wollen, würde ihr kaum gerecht werden, denn sie bietet neben dem hübschen Avalon und ihren Stränden, die zum Verweilen einladen, auch noch eine faszinierende Natur. Hier können Sie eine Herde von Bisons erleben; ihre Vorfahren wurden einst für Filmaufnahmen auf die Insel gebracht. Eine Besonderheit ist der Kalifornische Insel-Graufuchs, der ausschließlich auf den Santa-Barbara-Inseln vor Kaliforniens Küste lebt.

SEHENSWERTES

CATALINA ISLAND MUSEUM

Das sehenswerte Museum widmet sich der Geschichte der Insel u. a. mit historischen Fotografien, die weit in die Vergangenheit zurückreichen. Die Dauerausstellung u. a. zu der in den 1920er- und 1930er-Jahren hier ansässigen Töpfer- und Fliesenindustrie wird ergänzt um wechselnde Sonderausstellungen. *Tgl. 10–17 Uhr | Eintritt 17 $ | 217 Metropole Avenue, Avalon | www.catalinamuseum.org*

WILLIAM WRIGLEY MEMORIAL & BOTANICAL GARDEN

In diesem botanischen Garten können Sie sich einen Überblick die einheimischen Pflanzen der Insel verschaffen, die hier kultiviert und gehegt werden. William Wrigley, der einen großen Beitrag zum Schutz der Inselnatur leistete, ist hier ein imposantes Denkmal gesetzt, das vorwiegend aus einheimischen Materialien errichtet wurde. Von der Aussichtsplattform des Denkmals eröffnet sich ein schöner Blick über Avalon und das Meer. *Tgl. 8–17 Uhr | Eintritt 8 $ | Avalon Canyon*

SAN DIEGO

Die Meteorologen zählen hier mehr als 300 Sonnentage pro Jahr. San Diego pflegt seinen Ruf als Inbegriff des entspannten kalifornischen Lebensstils mit einem hohen Freizeitwert dank vieler Wasser- und sonstiger Sportmöglichkeiten.

Die Metropole (gut 3,3 Mio. Ew.) ist der Geburtsort des heutigen Kaliforniens. 1769 gründeten die Spanier hier an einem großen Naturhafen ein Fort und die *Mission San Diego de Alcalá*. Die restaurierten Adobe-Häuser aus der spanischen Zeit in der Old Town sind als State Park geschützt und zum Teil auch zu besichtigen.

Die Küste des San Diego County ist dank großer Lagunen rund 110 km lang. *Mission Bay, Mission Beach, Pacific Beach, Coronado* – die Liste der von Wasser umrahmten Vororte ist lang. Und überall warten Sandstrände, Surfspots, Fahrradwege, Terrassencafés und viel lockere Lebensfreude. Besonders gut zeigt sich der südkalifornische Lebensstil im nördlichen Vorort *La Jolla*, der auf einer Klippe über dem Pazifik liegt.

SEHENSWERTES

BALBOA PARK

Der Park auf einem Hügel nördlich der Innenstadt wurde bereits 1868 gegründet und war 1915/16 Schauplatz der großen *Panama-Pacific Exposition*, einer Weltausstellung aus Anlass der Eröffnung des Panamakanals. In den Bauten von damals sind heute rund ein Dutzend Museen, deren Ausstellungsinhalte von Fotografie über die Luftfahrt bis hin zur Naturkunde und Kunst reichen, ein botanischer Garten und der San Diego Zoo untergebracht.

CABRILLO NATIONAL MONUMENT ★

Von der Landzunge weit im Westen bietet sich ein grandioser Blick über Bucht und Stadt. Im Visitor Center illustrieren Ausstellungen die frühe Geschichte Kaliforniens. *Tgl. 9–17 Uhr | Eintritt 10 $ | Point Loma*

GASLAMP QUARTER

Restaurierte viktorianische Häuser mit Kunstgalerien und Antiquitätenläden, modischen Geschäften und beliebten Bars. Der historische Distrikt, ursprünglich New Town genannt, wurde 1857 von Alonzo Horton angelegt, der die Stadt näher ans Meer rücken wollte. *Zwischen Broadway und K Street*

MUSEUM OF CONTEMPORARY ART

Minimalismus, Pop-Art, kalifornische Kunst: In einem Neubau mit schönem Meerblick in La Jolla und in der Innenstadt zeigt das Museum seine großartige Sammlung. *Do–Di 11–17 Uhr | Eintritt 10 $ | 700 Prospect Street | La Jolla | www.mcasd.org*

SAN DIEGO ZOO ★

Der Zoo ist einer der größten und besten Tiergärten der Welt mit rund 4000 Tieren, darunter viele seltene Arten wie Gorillas und andere Primaten. Bekannt auch für Zuchterfolge etwa bei Tigern oder seltenen Pandas. Beispielhaft ist die artgerechte Umgebung: In bislang einem Dutzend Biosphären wird versucht, der natürlichen Umwelt der Tiere nahezukommen. Die großen Entfernungen können Sie per Seilbahn und Bus (Rundfahrten) bewältigen. *Tgl. 9–18 Uhr, im Sommer länger | Eintritt 52 $ | Balboa Park | zoo.sandiegozoo.org*

USS MIDWAY

Martialisch und gigantisch: Der rund 300 m lange Flugzeugträger mit seinem weit auskragenden Flugdeck beeindruckt, selbst wenn er im Ruhestand ist. Sowohl im Hangar als auch auf dem Flugdeck sowie unter Deck sind zahlreiche Exponate zur militärischen See- und Luftfahrt versammelt. *Tgl. 10–17 Uhr | Eintritt 20 $ (inkl. Audioguide) | Navy Pier | 910 N Harbor Drive | www.midway.org*

Statue am USS Midway Museum: Ob so das Wiedersehen gefeiert wurde?

ESSEN & TRINKEN

INSIDER TIPP CORVETTE
Schrilles Retrolokal mit aufgedonnerten Bedienungen. *2965 Historic Decatur Road | Tel. 1 619 5 42 14 76 | €–€€*

TOP OF THE MARKET
Genießen Sie Fischgerichte aus aller Welt mit Blick auf den Hafen; legerer ist der *fish market* im Untergeschoss. *750 N Harbor Drive | Tel. 1 619 2 32 34 74 | Restaurant €€€ | Fish Market €*

EINKAUFEN

BAZAAR DEL MUNDO
Geschäfte mit Importen aus Mexiko und Südamerika. *Old Town State Park | zwischen Calhoun, Juan, Wallace und Mason Street*

HORTON PLAZA
Das kunterbunt in vielen Architekturstilen zusammengewürfelte Shoppingcenter mit 150 Geschäften, Kaufhäusern, Cafés und Kinos besitzt viel Californiaflair.

ZIELE IN DER UMGEBUNG

BAJA CALIFORNIA
Ein Abstecher nach Mexiko (20 km südlich von San Diego) führt ins lebendige Touristenmekka Tijuana und in einsame, wilde Wüstenlandstriche. Aufgrund von Überfällen und Drogenkriegen ist in mexikanischen Grenzstädten wie Tijuana jedoch für Touristen Vorsicht geboten.

SAN DIEGO SAFARI PARK
Freigehege mit 450 bedrohten Tierarten in einer künstlich angelegten Steppe mit Sümpfen sowie einem Regenwald. *Tgl. 9–19 Uhr, im Winter kürzer | Eintritt 52 $ | 15500 San Pasqual Valley Road | Escondido | 45 km von San Diego*

ANLEGESTELLEN

▶ SEATTLE
Seattle besitzt zwei Kreuzfahrtterminals: das Smith Cove Cruise Terminal und den Bell Street Pier. Letzterer befindet sich in der Nähe des Zentrums, vom Smith Cove Cruise Terminal empfiehlt sich ein Taxi für den Weg in die Innenstadt.

▶ SAN FRANCISCO
San Francisco besitzt zwei Anleger für Kreuzfahrtschiffe. Verschiedene Sehenswürdigkeiten befinden sich in Hafennähe. Öffentliche Verkehrsmittel sind fußläufig erreichbar.

▶ SANTA BARBARA
Der Kreuzfahrtanleger in Santa Barbara befindet sich in der Nähe des Stadtzentrums. Im Hafen stehen Taxis und Shuttledienstleister zur Verfügung.

▶ LOS ANGELES
In Los Angeles stehen zwei Kreuzfahrtanleger zur Verfügung: in Long Beach und in San Pedro. Von Letzterem fährt ein Schnellbus nach Downtown. Auch in Long Beach gibt es Busse, an beiden Terminals stehen auch Taxis bereit.

▶ SANTA CATALINA
Kreuzfahrtschiffe ankern außerhalb, Passagiere werden mit Tenderbooten ins Zentrum von Avalon gebracht.

▶ SAN DIEGO
San Diegos Innenstadt befindet sich in fußläufiger Entfernung zum Kreuzfahrtterminal.

PRAKTISCHE HINWEISE

GELD & WÄHRUNG

Währung ist der US-Dollar (= 100 Cents). Es gibt Banknoten (*bills*) zu 1, 2, 5, 10, 20, 50 und 100 Dollar ($) sowie Münzen *(coins)* zu 1 ¢ *(penny)*, 5 ¢ *(nickel)*, 10 ¢ (dime), 25 ¢ *(quarter)* und – selten – 50 ¢ *(half dollar)*. Vorsicht: Alle Noten sind gleich groß, von gleicher grünlichgrauer Farbe und differieren ausschließlich im Wert.

Wichtigstes Zahlungsmittel: eine Kreditkarte (Mastercard, Visa). Damit können Sie auch kleine Beträge in Läden bezahlen. Doch sollten Sie ein paar US-Dollar für die Ankunft mitnehmen. Weiteres Bargeld können Sie zu fairem Wechselkurs mit EC-Karte und Geheimzahl an den meisten Bankautomaten ziehen. Reiseschecks in US-Dollar werden überall akzeptiert. US-Banken lösen zwar gegen Gebühr Reiseschecks ein, doch nur Großfilialen wechseln auch Bargeld.

GESUNDHEIT

Besondere Impfungen sind für die USA nicht vorgeschrieben. Verschreibungspflichtige Medikamente für den persönlichen Gebrauch dürfen eingeführt werden. Die ärztliche Versorgung in den USA ist sehr gut – und sehr teuer. Daher sollten Sie unbedingt eine Auslandskrankenversicherung abschließen. Medikamente gibt es in der *pharmacy* und im *drugstore*, die teils rund um die Uhr geöffnet sind.

INTERNET & WLAN

Amerika als Geburtsland des Internets ist bis in die hintersten Ecken gut vernetzt – häufig sogar mit Breitbandtechnik. Für schnelles Surfen und zur Mail-Abfrage bieten sich Coffeeshops an, öffentliche Bibliotheken (Gebühr 1–2 $) oder Büroläden wie *Kinko's* (2–3 $/10 Min.). Internetcafés sind in den USA inzwischen eine aussterbende Art. Cafés, Restaurants und die meisten anderen, öffentlich frequentierten Orte gehen immer mehr davon aus, dass man mit dem eigenen WLAN-fähigen Laptop oder Mobilgerät unterwegs ist, und bieten deshalb *wireless* an. In der Regel weist ein kleiner Sticker im Schaufenster darauf hin. Normalerweise ist die Benutzung gratis *(free)*. Es gibt Zigtausende von Wifi-Hotspots, viele in Kettenläden wie Starbucks oder McDonald's. Listen von Hotspots u. a. bei *www.wififreespot.com*

MASSANGABEN

1 *inch* = 2,54 cm
1 *foot* = 30,48 cm
1 *mile* = 1,6 km
1 *acre* = 0,4 ha
1 *gallon* = 3,79 l
1 *pound* = 453,6 g

Temperaturen lassen sich so umrechnen: Fahrenheit minus 32 mal 5 dividiert durch 9 ergibt Celsius. Das bedeutet: 0 °C = 32 °F, 10 °C = 50 °F, 20 °C = 68 °F, 30 °C = 86 °F, 40 °C = 104 °F.

Bekleidung: Bei Damen entspricht US-Größe 4 der deutschen Größe 34, 6 = 36, 8 = 38 usw.; bei Herren: 36 = 46, 38 = 48 usw.

NOTRUF

Fast überall in den USA gilt die gebührenfreie Notrufnummer „911". Auch der *Operator* („0" wählen) hilft.

USA

Urlaub von Anfang bis Ende: die wichtigsten Informationen für Ihre Reise

ÖFFNUNGSZEITEN

Läden sind meist geöffnet: *Mo–Sa 9.30–18 Uhr; Malls: 10–21 und So 12–17 Uhr*. Große *drugstores* und Lebensmittelsupermärkte sind auch abends und an Wochenenden offen, teilweise sogar rund um die Uhr. Museen meist: *Di–Sa 9–17 und So 13–17 Uhr*.

POST

Postämter haben *Mo–Fr 9–17 Uhr* geöffnet, größere auch *Sa 9–12 Uhr*. Das Porto für Luftpostbriefe und Postkarten nach Europa beträgt 1,20 $. Von Großstädten aus ist eine Karte etwa 4–6 Tage nach Europa unterwegs, sonst 3–4 Tage länger.

STEUERN

In den meisten Staaten wird auf alle Einkäufe eine Verkaufssteuer zwischen 4 und 7 Prozent aufgeschlagen. Diese *sales tax* wird erst beim Kauf hinzugerechnet, ist also z. B. auf der Speisekarte oder auf dem Preisschild im Laden noch nicht berücksichtigt.

TELEFON & HANDY

Vorwahl nach Deutschland *011-49*, nach Österreich *011-43*, in die Schweiz *011-41*, danach die Ortsvorwahl ohne die Null, dann die Nummer.

Vorwahl in die USA: 001, wobei bei Anrufen aus dem Ausland die „1", die der dreistelligen Ortskennziffer *(area code)* vorangeht und die der den deutschen Ortskennziffern vorangestellten „0" entspricht, entfällt.

Bei allen Telefonproblemen hilft der *operator* („0") weiter, er vermittelt auch R-Gespräche *(collect calls)*. Eine andere Besonderheit sind die gebührenfreien Nummern mit der Vorwahl 800, 866, 877 oder 888, über die z. B. Mietwagen reserviert werden können. 900-Vorwahlen sind gebührenpflichtig.

Tri- und Quadband-Handys aus Europa funktionieren auch in den USA, aber nur in dichter besiedelten Regionen und gegen Roaming-Aufpreis. Für eine längere Reise können Sie vor Ort bei GSM-Netzbetreibern *(z. B. AT&T, T-Mobile)* auch eine amerikanische Prepaid-Karte kaufen. Preiswert sind für Anrufe aus Telefonzellen die an Kiosken und in kleinen Märkten erhältlichen *Prepaid Phone Cards*.

TRINKGELD

Trinkgeld *(tip)* ist nicht im Preis enthalten. In Restaurants lässt man 15 Prozent des Rechnungsbetrags vor Steuern auf dem Tisch liegen. Taxifahrer rechnen mit 15 Prozent der Fahrkosten.

WAS KOSTET WIE VIEL?

Kaffee	2,20 Euro	*für einen Becher im Coffeeshop*
Bier	3,60–6,50 Euro	*für ein Glas in der Bar*
Hamburger	4–9 Euro	*im Fast-Food-Lokal*
Steakdinner	20–35 Euro	*für ein Steak mit Salat, Baked Potato, Mais*
Jeans	35–60 Euro	*für ein Paar Levi's*

HAWAI'I

Wohl kaum eine Inselgruppe der Welt hat unsere Fantasie so beflügelt wie Hawai'i. Seit den Erzählungen der ersten Seeleute, die mit Captain James Cook den paradiesischen Archipel 1778 für die westliche Welt entdeckten, verkörpern die Inseln die idyllische Südseewelt mit Bildern, die unsere Träume bis heute beeinflussen.

Die tropischen Früchte der Inseln schmecken fabelhaft, und die sprichwörtliche Freundlichkeit der Bewohner – heute eine bunte Mischung aus Ost und West, aus Asiaten, Polynesiern und Weißen – hat wirklich nichts von ihrer Herzlichkeit eingebüßt.

Rund 130 Inseln gehören zum Staat Hawai'i, die meisten von ihnen winzig und unbewohnt. Sie kleckern in einem fast 4000 km langen Bogen vom russischen Kamtschatka nach Südosten. Bewohnt und erschlossen sind nur die sechs größeren Vulkaninseln am Ende der Kette – mitten im Stillen Ozean und fast 4000 km von jedem Kontinent entfernt.

HONOLULU/ O'AHU

Die Hauptstadt des Staats an der Südküste von O'ahu, der drittgrößten Insel des Archipels, ist eine moderne Metropole, die mit etwas über 400 000 Einwohnern und gut 950 000 Menschen im Großraum sogar als die größte Stadt im Pazifik gilt.

 Bild: In weitem Bogen erstreckt sich der Waikiki Beach vor dem Diamond Head

Gemächlich fließende Lava, Traumstrände, Religionen und Ethnien aus allen Ecken der Welt – das ist der 50. Bundesstaat der USA

Honolulu bedeutet geschützte Bucht, und es war die große Hafenbucht am Westrand der heutigen Innenstadt, die eine Metropole entstehen ließ, wo einst nur einige Hütten des hawaiischen Inselkönigs standen. Im Westen der City liegt das große Hafengebiet, in den tropisch grünen Hügeln der Ko'olau Range über der Innenstadt finden sich gepflegte Wohnviertel. Touristischer Nabel Honolulus – und der ganzen hawaiischen Ferienwelt – aber ist der östlich gelegene Vorort Waikiki.

SEHENSWERTES

ALOHA TOWER *(16/C3)*
Der zehnstöckige Turm ist seit 1926 das Wahrzeichen für den Hafen Honolulus und bietet einen fabelhaften Blick über Stadt und Meer (kostenloser Aufzug zur Aussichtsplattform). Zu Füßen das der Hawai'i Pacific University gehörende Shoppingcenter, der *Aloha Tower Marketplace*, mit Läden und einigen Lokalen. *Tgl. 9–21, So 9–18 Uhr | Pier 9 am Fuß der Bishop Street*

BISHOP MUSEUM ★ (🕮 16/C3)

Dies ist unbestritten das beste Museum für hawaiische Kultur und eine berühmte Forschungsstätte für polynesische Völkerkunde. Die Prunkstücke der Sammlung – kostbare Federhelme und Umhänge einstiger Könige – befinden sich in der prachtvollen *Hawaiian Hall*. Die jüngst aufwendig renovierte *Pacific Hall* zeigt die Kulturen und Wanderungen der Polynesier, das angeschlossene Planetarium erklärt deren Navigationskünste nach den Sternen, und im Science Center erleben Sie sogar flüssige Lava. Ausgezeichneter Museumsladen. *Tgl. 9–17 Uhr | Eintritt 23 $ | 1525 Bernice Street | www.bishopmuseum.org*

CHINATOWN ★ (🕮 16/C3)

Seit etwa 1850 leben Chinesen auf Hawai'i, und bald entstand in Honolulu rund um die Maunakea und die Hotel Street ein eigenes Chinesenviertel. Bis heute ist es einer der buntesten und quirligsten Stadtteile, in dem auch Thais, Vietnamesen und Philippiner ihren Platz gefunden haben. Ein Bummel über die offenen Märkte an der King Street ist ein Fest für die Sinne: exotische Früchte, brodelnde Töpfe in kleinen Garküchen und geheimnisvolle Medizinmixturen, die in duftenden Lädchen angeboten werden. Auf eine lange Tradition blicken die Lei-Geschäfte im Nordteil der Maunakea Street zurück, wo geschickte Frauenhände bunte Blüten zu Kränzen binden. Die quer zur Maunakea Street verlaufende *Hotel Street* war lange das Zentrum des Rotlichtviertels am Hafen und hat in den letzten Jahren mit neuen Nachtclubs, Bars und schicken Restaurants eine Renaissance in der jungen Szene erlebt.

FOSTER BOTANICAL GARDENS (🕮 16/C3)

Einer der schönsten botanischen Gärten des Staats und hübsche Oase im Herzen der Stadt. 60 000 m² Parkanlagen,

Er war einst Hausherr im 'Iolani Palace: Die Statue von König Kamehameha erinnert daran

BETRETEN VERBOTEN

Es gibt sie tatsächlich, die „verbotene Insel" des hawaiischen Archipels, auf der das Leben noch läuft wie einst. Das nur 10 km lange, mysteriöse Ni'ihau südwestlich von Kaua'i gehört seit 150 Jahren der Familie Robinson, frühere Missionare, die auf der Insel das alte Hawai'i erhalten wollen. Die rund 130 Bewohner von Ni'ihau sind fast ausschließlich reinblütige Hawaiianer, sprechen hawaiisch und leben ohne Telefon und Auto. Seit fast 100 Jahren darf niemand das Dorf auf der Insel besuchen, staatliche Beamte und Ärzte brauchen eine Sondergenehmigung. Die Bewohner dürfen die Insel verlassen, ziehen aber vielfach das ruhige Dorfleben der hektischen Welt draußen vor. Touristische Ausflüge von Kaua'i nach Ni'ihau führen nur an einen einsamen Strand der Insel.

bereits 1853 von einem deutschen Arzt gegründet, mit mehr als 4000 tropischen Bäumen, Orchideen und Farnen. *Tgl. 9–16, Führungen werktags 13 Uhr | Eintritt 5 $ | 180 N Vineyard Blvd.*
Nahe dem Eingang zum Garten liegt der *Kuan Yin Temple*, ein buddhistischer Tempelbau mit Opferaltären und geschnitzten Statuen. Besucher sind willkommen.

'IOLANI PALACE ★ (*🕮 16/C3*)

Der 1882 erbaute, sehr fotogene Palast in hawaiischem Rokokostil war die Residenz von König Kalakaua, der als „Merry Monarch" bekannt wurde. Zu besichtigen sind die reiche Innenausstattung und Ausstellungen über die Monarchie. *Mo–Sa 9–16 Uhr | Eintritt 7 $, mit Audiotour in Deutsch 14,75 $ | 364 S King Street/ Richards Street | www.iolanipalace.org*

NATIONAL MEMORIAL CEMETARY OF THE PACIFIC (*🕮 16/D3*)

Der schönste Blick über Honolulu und Waikiki ist kostenlos: Der Friedhof im Norden von Downtown Honolulu liegt in einem alten Vulkan, und vom Kraterrand aus bietet sich ein großartiges Panorama über die City. Hinter dem Krater beginnt der *Tantalus Drive*, eine kurvige Bergstraße durch Dschungelwälder und zu weiteren schönen Ausblicken. *2177 Puowaina Drive*

INSIDER TIPP SPALDING HOUSE (*🕮 16/D3*)

Eine Kunstoase in den Hügeln über der Stadt: ein herrlicher Skulpturengarten, dazu ein nettes Café und als besonderes Schmuckstück David Hockneys Bühnenbildinstallation „L'enfant et les sortilèges". *Di–Sa 10–16, So 12–16 Uhr | Eintritt 10 $, gilt auch für die Honolulu Academy of Arts | 2411 Makiki Heights Drive | honolulumuseum.org*

ZIEL IN DER UMGEBUNG

NU'UANU PALI LOOKOUT ★ (*🕮 16/D2*)

An der Ostflanke der *Ko'olau Range* brechen die Berge fast 1000 m steil zur Küste hin ab. Vom Aussichtspunkt hoch über dem Meer bietet sich Ihnen ein weites Panorama über die grünen Klippen, von denen gemäß einer Sage König Kamehameha I. nach gewonnener Schlacht die Krieger von O'ahu in den Tod stürzte. *Am Highway 61 | 12 km von der Innenstadt entfernt*

HILO/ BIG ISLAND

(🕮 15/F3) **Hilo, die zweitgrößte Stadt (43 000 Ew.) des gesamten Staats und Hauptstadt von Big Island, wirkt wie ein beschauliches Landstädtchen aus den 1950er-Jahren.**

Hier an der sichelförmigen Hilo Bay gibt es keine Traumstrände oder Hotelpaläste. Dafür ist Hilo ein guter Ausgangspunkt für Ausflüge zu den Vulkanen und Orchideengärten, Macadamiaplantagen und Anthurienfarmen in der Umgebung.

SEHENSWERTES

IMILOA ASTRONOMY CENTER OF HAWAI'I

Hier erfahren Sie alles über die Astronomie auf Hawai'i – von der Sternennavigation der Polynesier bis zu den modernen Sternwarten auf dem Mauna Kea. *Di–So 9–17 Uhr | Eintritt 17,50 $ | 600 Imiloa Place | University of Hawai'i | imiloahawaii.org*

Imposant: die Akaka Falls

LYMAN MISSION HOUSE

Restauriertes Missionshaus von 1839. Im modernen Museum nebenan Ausstellungen über Vulkane, Einwanderer und Pazifikmuscheln. *Mo–Sa 10–16.30 Uhr | Eintritt 10 $ | 276 Haili Street*

PACIFIC TSUNAMI MUSEUM

Fotos, Modelle und Karten erläutern das Phänomen der Tsunamis. Oft erzählen auch Überlebende der historischen Flutwellen von ihren Erlebnissen. *Di–Sa 10–16 Uhr | Eintritt 8 $ | 130 Kamehameha Av. | www.tsunami.org*

WAILUKU RIVER STATE PARK

Im *Wailuku River State Park* an der Waianuenue Avenue sprudelt der Fluss über glatt geschliffenes Lavagestein und schießt in den *Rainbow Falls* zu Tal – bei Sonnenschein mit Regenbogen. Einige Kilometer weiter stromaufwärts an der Waianuenue Avenue folgen weitere Wasserfälle und die Klamm der *Boiling Pots*, in der sich der Wailuku River durch Lavagestein seinen Weg bahnt.

ZIEL IN DER UMGEBUNG

AKAKA FALLS ★ *(🕮 15/F3)*

Nordwestlich von Hilo liegen am Ende des Highway 220 die vielleicht schönsten Wasserfälle der Insel: 135 m tost der *Kolekole Stream* über eine vulkanische Klippe. Ein kurzer Spazierweg von knapp 1 km führt durch einen dichten Dschungel mit wilden Orchideen, Farnen und Bambushainen. Actionfans können hier mit einer *zipline* über die Schlucht sausen – ein spannendes Er-

ESSEN & TRINKEN

Pacific Cuisine – die Küche der Inseln wird geprägt von den Gerichten der Einwanderer

Die Vielfalt und die Frische der Zutaten sind die größten Vorzüge der Küche von Hawai'i. Von der Farm oder dem Hafen ist der Weg in die Restaurants denkbar kurz, und im ausgeglichenen tropischen Klima gedeiht schlechthin alles – und fast zu jeder Jahreszeit.

Die Ranches von Big Island liefern ***saftige Steaks***, seine Plantagen ***hervorragenden Kaffee***. Von den Farmen im Hochland Mauis kommen herrlich milde Zwiebeln und von Moloka'i köstliche Melonen. ***Tropische Früchte***, wie etwa Ananas, Papayas, Guaven, Mangos, Bananen oder Litschis, werden auf allen Inseln angebaut.

Die Küche ist nach wie vor stark von den verschiedenen Einwanderergruppen geprägt. Wirklich hawaiisch ist ein ***plate lunch***, wie er früher von den Plantagenarbeitern gegessen wurde. Feste Bestandteile des plate lunch sind Reis und Makkaronisalat, dazu gibt es gegrilltes Huhn oder Fisch, würziges ***kalua pork*** oder japanisches ***Teriyaki-Rindfleisch***. Dazu trinkt man hawaiische Lilikoi- (Passionsfrucht-) oder Guavenlimonade. Kulinarischer Trend der besseren Lokale auf den Inseln ist die ***Pacific Rim Cuisine*** – eine gelungene Verschmelzung französischer Küche mit Gewürzen aus dem Fernen Osten und tropischen Zutaten.

SPEISEN

banana-nut pancakes – Pfannkuchen mit Banane-Nuss-Füllung
haupia – Kokospudding
laulau – in Ti- oder auch Bananenblätter gewickeltes Schweinefleisch
lilikoi – Passionsfrucht
poke – roher Meeresfrüchte-/Fischsalat, meist mit Thunfisch, Zwiebeln, Chili und Sesamöl
poi – typisch polynesisch: ein dicker Brei aus der tropischen Tarowurzel
onaga – Meeresfisch mit weichem, saftigem Fleisch (Red Snapper)
ono – eine Makrelenart
opakapaka – Meeresfisch von festerer Beschaffenheit (Pink Snapper)
saimin – würzige Suppe mit dicken Nudeln (japanisch)

SCHÖNE SITTE

Die kunstvoll gewundenen Kränze aus Blüten, Blättern und Farnen, *leis* genannt, sind duftende Kunstwerke, die den Hawaiianern als Geschenke an die Götter galten und je nach Anlass in unterschiedlichen Formen und Farben hergestellt wurden. Die uralte Tradition ist bis heute erhalten geblieben: Man schenkt Leis zu Geburtstagen und Hochzeiten, begrüßt Gäste und schmückt sich oft nur aus guter Laune mit ihnen. Es gibt auch haltbare Leis, die aus Kukuinüssen, Muscheln oder Samenkörnern angefertigt wurden. Nur aus Plastikblüten sollte ein Lei niemals sein.

lebnis, das garantiert für Herzklopfen sorgt *(Tel. 1 808 5 18 25 79). Eintritt 1 $, Zipline 170 $ | 27 km nördlich von Hilo*

HAWAI'I VOLCANOES NATIONAL PARK ★ *(🕮 15/F4)*

Der Nationalpark ist die Topattraktion der Insel: Nirgendwo sonst auf der Welt können Sie so gut und so gefahrlos einem aktiven Vulkan ganz nah kommen. Der 1916 gegründete, 92 km² große Nationalpark umfasst die aktive Vulkanzone an der Ostflanke des Mauna Loa. Je nach Art und Ort der fließenden Lava sperren die Ranger gefährliche Gebiete ab oder zeigen die beste Route zu sicheren Aussichtspunkten. Kernstück des Parks ist der *Kilauea Crater*, inmitten dessen 4 km weitem Schlund der *Halema'uma'u Crater* seit 2008 wieder brodelt. Der kleinere, seit 1983 aktive *Pu'uo'o Crater* liegt 15 km weiter östlich. Die besten Ausblicke auf die Eruption im *Kilauea-Krater* bieten sich vom *Crater Rim Drive*, einer Ringstraße, die vom Visitor Center am Parkeingang rund um den Krater führt. An ihr liegen auch die interessantesten Sehenswürdigkeiten: das *Jaggar Museum* mit Seismografen und Ausstellungen über vergangene Vulkanausbrüche, schweflig dampfende Fumarolen (vulkanische Dampfquellen), der kleinere *Kilauea Iki Crater* und die *Thurston Lava Tube*, ein alter Lavatunnel, der heute von mannshohen Farnen überwuchert ist. Vom Südrand des Kraters führt die *Chain of Craters Road* zur Küste.

HAWAI'I TROPICAL BOTANICAL GARDENS *(🕮 15/F3)*

Die besondere Lage an einer felsigen, umbrandeten Bucht beeindruckt an diesem Garten. Er zeigt noch echten Regenwald (Moskitolotion nicht vergessen!). *Tgl. 9–17 Uhr | Eintritt 15 $ | www.htbg.com | 10 km nördlich von Hilo an der SR 19*

KAILUA-KONA/ BIG ISLAND

(🕮 15/E4) **Mit den vielen Hotels, quirligen Souvenirmalls, Restaurants und einem regen Tourismus ist Kailua-Kona sicher der modernste Ort von Big Island.**

Das trockene Klima der Kona-Region an der Westseite von Big Island garantiert fast täglichen Sonnenschein. Durch den Bauboom der letzten Jahre hat Kailua mit fast 37 000 Einwohnern der recht feuchten Hauptstadt Hilo im Osten schon fast den Rang abgelaufen. Die Hauptstraße der Stadt ist der entlang der Küste verlaufende *Ali'i Drive*. Dort trifft man sich zu einem gemütlichen Bummel oder um bei Sonnenuntergang dem Training der Outrigger-Kanuten in der Bucht zuzusehen.

SEHENSWERTES

HULIHE'E PALACE

Schon Kamehameha I. und spätere Könige hatten in Kailua einen Sommersitz. Der 1838 gebaute Hulihee Palace – heute ein Museum – zeigt das Leben der Könige. Gegenüber steht die älteste Kirche von Hawai'i, die 1823 aus Lavagestein erbaute *Mokuaikaua Church*. Noch älter ist das *Ahuena Heiau*, eine Tempelplattform vor dem heutigen King-Kamehameha-Hotel. Nach der Überlieferung hielt hier der König von Hawai'i Hof. Nachgebaute Grashütten vermitteln einen Eindruck davon, wie der Ort früher ausgesehen haben muss.

ZIEL IN DER UMGEBUNG

MAUNA KEA OBSERVATORIES

(📖 15/F3)

Die steile Schotterstraße zum Gipfel des 4205 m hohen Mauna Kea ist für Mietwagen gesperrt. Beste Möglichkeit, die acht internationalen Observatorien und schöne sundowns zu erleben, bietet *Mauna Kea Summit Adventures (Tel. 1 808 3 22 23 66 | maunakea.com). 70 km nordöstlich von Kailua-Kona*

Das feurige Element ist im Hawai'i Volcanoes National Park fast zum Greifen nah

Eigenwillig geformt: die vulkanische Iao Needle

KAHULUI/ MAUI

(🕮 15/E2) **Kahului bildet mit Wailuku eine zu einem großen Siedlungsraum verwachsene Doppelstadt mit gut 60 000 Einwohnern, die das wirtschaftliche Zentrum von Maui ist.**

In der weiten Küstenebene an der Kahului Bay liegt *Kahului*, das 1948 als Zuckerrohrstadt gegründet wurde. Heute ist es ein gesichtsloser Ballungsraum mit Shoppingmalls und dem Flughafen. Über die Ka'ahumanu Avenue kommen Sie schnell ins ältere *Wailuku*, die Inselhauptstadt am Fuß der West Maui Mountains. In der Market Street im Ortszentrum herrscht etwas angestaubter Charme mit Pfandhäusern, kleinen Läden und rustikalen Cafés. Der Ort ist sehr beliebt bei Surfern, die an den Stränden der Nordküste den guten Wind ausnutzen. Als Wahrzeichen Wailukus gilt die 1876 erbaute *Ka'ahumanu Church*, in der bis heute sonntags die Hymnen auf Hawaiisch gesungen werden.

SEHENSWERTES

BAILEY HOUSE MUSEUM

Eine eigenwillige historische Ausstellung. Klein, aber schön gelegen in einem alten Missionarshaus. Auch eines von Duke Kahanamokus alten Surfbrettern – nicht aus Kunststoff, sondern aus Redwood-Holz – ist zu sehen. *Mo–Fr 10–16 Uhr | Eintritt 7 $ | 2375 A Main Street*

ZIELE IN DER UMGEBUNG

HALEAKALA NATIONAL PARK

(🕮 15/E2)

Der 110 km^2 große Nationalpark umfasst den gesamten Krater des gewaltigen Schildvulkans im Ostteil Mauis und reicht an der Südostflanke bis hinab zum Meer. Er bietet Lebensraum für die seltenen Nenegänse und das spektakuläre Silberschwert, eine Pflanze, die nur hier am Gipfel des Haleakala vorkommt. Der Haleakala Crater ist mit ca. 11 km Länge und 1000 m Tiefe einer der größten Krater der Welt. Beim Aussichtspunkt am Ende des Highways 378 liegt vor Ihnen eine gespenstisch stille Mondlandschaft: vielfarbige Aschekegel, kleine Krater und erkaltete Lavaströme in allen Rot-, Grau- und Braunschattierungen.

IAO VALLEY *(🕮 15/E2)*

Etwa 5 km führt die Verlängerung der Ka'ahumanu Road von Wailuku aus in dieses lauschig-grüne Tal, das umrahmt wird von den steilen Hängen der *West Maui Mountains*. Hier schlug Kamehameha I. im Jahr 1790 die entscheidende Schlacht um Maui und besiegte den mauischen König Kahekili. Etwa auf halber Höhe liegt der INSIDER TIPP *Kepaniwai County Park*, eine hübsche, wenn auch vernachlässigte Gartenanlage mit nachgebauten Häusern der früheren Einwanderer auf Maui und einem Nature Center. Am Ende der Straße ragt die Iao Needle fast 370 m hoch über dem Tal auf, ein vulkanischer Monolith, überwuchert von üppigem Dschungel. Kurze Spazierwege führen den Bach entlang und zu den mehreren Aussichtspunkten.

NAWILIWILI/ KAUA'I

(15/A1) **Nawiliwili ist der Hafen auf Kaua'i, den auch Kreuzfahrtschiffe anlaufen. Der Spitzname von Kaua'i lautet „die Garten-insel". Sie ist die westlichste und damit älteste der großen Hawai'i-Inseln, entstanden aus einem einzigen Vulkan. Die tropische Vegetation konnte sich hier üppigst entwickeln.**

Im Norden türmen sich die spektakulären *Na Pali Cliffs* fast 1000 m über dem Meer auf, im Südwesten liegen lange, einsame Dünenstrände, im Landesinnern klafft die gewaltige Schlucht des *Waimea Canyon*. Und von den steilen Flanken des 1569 m hohen *Mount Waialeale* – mit rund 12 m Niederschlag pro Jahr übrigens der regenreichste Punkt der Erde – schießen zahllose Wasserfälle. Das nur 1433 km² große Eiland birgt eine überwältigende Vielfalt von Landschaftsformen. Im Hochland, in den abgelegenen *Alakai-Sümpfen*, die fast 80 km² umfassen, blieb eine weitgehend unberührte hawaiische Flora und Fauna erhalten.

SEHENSWERTES

KAUA'I MUSEUM *(15/A1)*

Das beste Museum zur Naturgeschichte und Besiedlung von Kaua'i befindet sich in Lihu'e. Ein kurzer Film zeigt die verborgenen Schönheiten der Insel. Dazu wechselnde Kunstausstellungen. Gut sortierter Museumsladen. *Mo–Sa 10–17 Uhr | Eintritt 15 $ | 4428 Rice Street | www.kauaimuseum.org*

KILAUEA POINT LIGHTHOUSE *(15/A1)*

Die steilen Klippen um den Leuchtturm *(Di–Sa 10–16 Uhr | Eintritt 5 $)* von 1913 sind heute ein Vogelschutzgebiet, in dem Sie Albatrosse, Fregattvögel und mehrere Tölpel- und Möwenarten beobachten können.

LIHU'E *(15/A1)*

Lihu'e, die Hauptstadt von Kaua'i, hat nur 6000 Einwohner und liegt inmitten alter Zuckerrohrfelder an der Ostküste der Insel. In der Hauptstraße Rice Street herrscht eine gemächliche Gangart. Am Westrand des Orts lohnt ein Besuch der INSIDER TIPP *Old Lutheran Church (4602 Ho'omana Road)* von 1883, damals Zentrum der deutschen Gemeinde, mit ihrem schönen Friedhof. Gut essen kann man bei *Gaylord's*, einem stilvollen Restaurant in einem Plantagenhaus von 1935. Das Konzept *farm to table* wird hier besonders gut umgesetzt, die meisten Zutaten kommen von der eigenen Plantage *(Kilohana Plantation, am Highway 50 | Tel. 1 808 2 45 95 93 | €€–€€€)*.

NATIONAL TROPICAL BOTANICAL GARDEN

Ein 750 000 m² großes Wunder der Botanik – mit Gärten für essbare, medizinisch wichtige und bedrohte Pflanzen, einer Forschungsstation sowie großem, altem

Plantagengarten und auch seltenen hawaiischen Pflanzen. Auch Führungen. *Tgl. 9.30–15.30 Uhr | Eintritt 30 $ | Lawa'i | Reservierung: Tel. 1 808 7 42 26 23 | www.ntbg.org | 24 km südwestlich von Nawiliwili*

SPOUTING HORN ★ *(15/A1)*

Am Westrand der Poipu Coast faucht im kleinen Spouting Horn Park ein Meeresgeysir: In einem Unterwassertunnel werden Brandungswellen durch die Felsen hochgedrückt und schießen in einer bis zu 15 m hohen Fontäne in die Luft. Je nach Wellengang eine sehr eindrucksvolle Darbietung.

WAIMEA CANYON *(15/A1)*

Der Highway 550 führt von Waimea gen Norden, dann am Westrand der Waimeaschlucht hinauf. Mit steilen Abhängen und rotbraunen Felswänden ähnelt der mehr als 1000 m tiefe Canyon verblüffend seinem großen Bruder in Arizona und wird auch „Grand Canyon des Pazifiks" genannt. Ein unglaublich heftiges Erdbeben muss hier vor langer Zeit Kaua'i fast in zwei Hälften gespalten haben. Mehrfach bieten sich dramatische Panoramen, am Ende der Straße wartet der *Kalalau Lookout* mit einem atemberaubenden Blick über die Na Pali Coast. Zahlreiche Wanderwege führen vom Highway 550 aus in den Waimea Canyon (darunter auch der 4 km lange Kukui Trail), an die dicht bewaldete Na Pali Coast (z. B. der 6 km lange INSIDER TIPP *Nualolo Trail*) und in die meist nebelverhangenen, mysteriösen *Alakai-Sümpfe*, die noch viele Arten hawaiischer Pflanzen und Vögel beherbergen (vergessen Sie für den 5 km langen Alakai Swamp Trail den Regenumhang nicht!). Informationen über die Wanderwege der Region erhalten Sie im kleinen *Kokee Natural History Museum (tgl. 9–16.30 Uhr | Eintritt 1 $) neben der Kokee Lodge am Highway 550. 40 km westlich von Nawiliwili*

Faszinierendes Farbenspiel im Waimea Canyon

PRAKTISCHE HINWEISE

Hawai'i: die wichtigsten Informationen für Ihre Reise

ANLEGESTELLEN

▶ HILO

In Hilo legen Kreuzfahrtschiffe ca. 3 km vom Stadtzentrum entfernt an. Am Anleger stehen Taxis zur Verfügung, des Weiteren fährt auch der Hele-On Bus von hier in die Innenstadt.

▶ KAILUA-KONA

Kreuzfahrtschiffe gehen hier vor Anker; die Passagiere werden mit Tenderbooten an Land gebracht. Buslinien erschließen die Insel, außerdem gibt es eine Mietwagenfirma.

▶ KAHULUI

Kreuzfahrtschiffe machen in Kahului in einem Industriehafen fest. Für die Weiterfahrt in die Umgebung stehen Taxis zur Verfügung.

▶ NAWILIWILI

Der Kreuzfahrthafen von Nawiliwili liegt an der Mündung des Hule'ia. Es stehen kostenlose Shuttledienste zur Verfügung, auch zu Autovermietungen. Für Inselerkundungen empfiehlt es sich, einen Mietwagen zu nehmen.

▶ HONOLULU

In Honolulu ankern Kreuzfahrtschiffe in Nachbarschaft des Aloha Tower Marketplace in der Nähe des Stadtzentrums, das problemlos zu Fuß zu erreichen ist. Im Hafen stehen auch Taxis zur Verfügung; des Weiteren lässt sich Honolulu per Bus erschließen.

INTERNET & WLAN

Hawai'i ist sehr gut vernetzt. Günstig sind mit 1–2 $/ 10 Min. die zahlreichen Coffeeshops mit Webzugang, die Sie überall auf Hawai'i finden.

ÖFFENTLICHE VERKEHRSMITTEL

Leider besteht nur auf O'ahu ein gut ausgebautes Busnetz. Der Schwerpunkt des Systems von TheBus *(Fahrplaninfo: Tel. 1 808 8 48 55 55 | www.thebus.org)* liegt im Raum Honolulu, doch gibt es auch Buslinien, die die Insel umrunden *(Nummern 57, 55, 52)*. Preis je Fahrt: nur 2,50 $. Auf allen anderen Inseln fahren Sie besser mit dem Mietwagen. Für kürzere Strecken kann man – vor allem in Honolulu – auch Taxis benutzen. Auf den anderen Inseln ist es teils etwas mühsam, Taxis zu finden.

ÖFFNUNGSZEITEN

Restaurants sind, wenn nicht anders angegeben, täglich geöffnet, Läden überwiegend Mo–Sa 9.30–18 Uhr, die großen Shoppingmalls in Honolulu 10–21 und So 12–17 Uhr. Supermärkte oft auch abends und am Sonntag geöffnet.

POST

Postämter haben Mo–Fr 9–17, Sa 8.30–12 Uhr geöffnet. Porto für Luftpostbriefe und Postkarten nach Europa: 1,20 $.

BAHAMAS

Im türkisblauen Wasser am Wendekreis des Krebses liegen auf der Great und Little Bahama Bank gut 700 größere Inseln und über 2000 Cayos oder Cays, winzige Riffinseln. Nur 30 der Inseln sind jedoch besiedelt, gerade 16 haben auch Hotels und Restaurants.

Ein ideales Revier also für moderne Robinsonurlauber und Wasserratten. Schwimmen, Tauchen, Schnorcheln und Segeln – dafür sind die Inseln ideal, ebenso ideal natürlich für einen Stopp auf einer Kreuzfahrt mit Abstecher Richtung Karibik. Sogar die Nationalparks der Bahamas liegen zumeist unter Wasser, denn die weitgehend unberührte Korallenwelt ist die schönste Attraktion der Inseln.

Nach gut 300 Jahren als englische Kolonie wurden die Bahamas 1973 unabhängig, blieben aber im Britischen Commonwealth. Rund 350 000 Einwohner hat der Inselstaat heute. Zu 85 Prozent sind sie Nachfahren der von den Plantagenbesitzern importierten westafrikanischen Sklaven. Die meisten Bahamaer leben auf nur zwei Inseln: auf New Providence mit der Hauptstadt Nassau und auf Grand Bahama. Die übrigen Eilande sind hingegen nur spärlich besiedelt. Landwirtschaft ist auf den Koralleninseln schlecht möglich und auch Fischfang sowie Salzgewinnung geben nur einem geringen Teil der Einwohner Arbeitsplätze. Daher sucht der Staat sein Heil im Tourismus und im internationalen Banking: Fast 400 Geldinstitute bieten in Nassau den Steuerflüchtigen einen sicheren Hafen.

 Bild: Die farbenfrohen Häuser sind ein Wahrzeichen Nassaus

Baja mar, „seichtes Meer", tauften die spanischen Eroberer die inselübersäten Schelfbänke zwischen Florida und der Südspitze Kubas

NASSAU

Mit nur 35 km Länge gehört die Insel nicht zu den größten im Land, doch New Providence ist der touristische Nabel der Bahamas.

Hier halten sich die meisten Urlauber auf, hier leben 70 Prozent der rund 350 000 Bahamaer, zumeist in der Hauptstadt Nassau im Nordosten. Das andere Urlauberziel ist Paradise Island, eine kleine vorgelagerte Insel mit palmengesäumten Stränden, Resorthotels und einem Kasino. Der Aufschwung der Stadt begann 1940, als der Herzog von Windsor, der abgedankte englische König, Generalgouverneur der Bahamas wurde und Nassau zum skandalumwitterten Treff von Adel und Geldadel avancierte. Megahotels, florierende Bankgeschäfte und ein großer Kreuzfahrthafen sorgen heute für reges Treiben. Werden Sie Teil dieses Treibens, sobald Ihr Schiff im Hafen festgemacht hat und Sie von Bord gegangen sind!

SEHENSWERTES

ALTSTADT *(🗺 17/B-C2-3)*

Das Herz der Altstadt Nassaus pocht am Hafen, wo an der Prince George Wharf die großen Kreuzfahrtschiffe ankern. Davor liegen Rawson Square und Parliament Square, an dem die bahamaische Regierung in fotogenen rosafarbenen Kolonialbauten von 1805 residiert. Vor dem Parliament Building thront eine Statue der jungen Königin Victoria. Unmittelbar davor verläuft die Bay Street, die Hauptschlagader Nassaus gen Westen: Hier liegt das Geschäftszentrum der Stadt mit Tax-free-Shops, Lokalen, Schmuckgeschäften und Souvenirläden. Im bunten Straw Market werden Strohhüte (daher der Name), Postkarten und günstiges Kunsthandwerk angeboten (Handeln um den Preis ist hier Tradition). Auf der George Street in südlicher Richtung passiert man die 1841 erbaute Christ Church Cathedral und steht dann vor dem imposanten, 1801 errichteten Government House, dem Sitz des englischen Generalgouverneurs. Jeden zweiten Samstag des Monats um 10 Uhr wird wie in London mit viel Pomp der Wachwechsel zelebriert.

FORT FINCASTLE *(🗺 17/C3)*

Eine Festung von 1787: Vom 38 m hohen Wasserturm bietet sich ein toller Blick über die Stadt. Von der Altstadt gut zu erreichen über die 66 Stufen des Queen's Staircase. *Tgl. Führungen 8–16 Uhr | Eintritt 1 B$*

JOHN WATLINGS DISTILLERY *(🗺 17/B3)*

Bei einer kostenlosen Führung erfahren Sie alles über das Nationalgetränk der Bahamas. *Tgl. 10–18 Uhr | 17 Delancy Street*

NATIONAL ART GALLERY *(🗺 17/B3)*

Fröhlich bunt sind die Werke der bahamischen Künstler oft, die hier in einer wunderbaren alten Villa gezeigt werden.

Vor dem Regierungsgebäude wacht die Statue von Christoph Kolumbus

AUF TELLER UND STRASSE

Sie stehen auf jeder Speisekarte, mit ihren Schalen werden Straßen geschottert, und am Souvenirstand schimmern sie einladend: Die Rede ist von den Conchs, jenen großen, schön gezackten Meeresschnecken, die überall auf den Sandbänken vor den bahamaischen Küsten vorkommen. Vier Jahre braucht eine Conch („konk" ausgesprochen), bis sie erwachsen ist, ältere werden bis zu 3 kg schwer und 40 cm lang. Das weibliche Tier legt bis zu 1 Mio. Eier ab, aber das reicht kaum für den Heißhunger der Bahamaer. Gebeizt in Limonensaft und mit scharfen Chilis *(scorched conch)*, weich geklopft und frittiert (*cracked conch)*, als Chowder-Suppe oder *conch salad* kommt das Fleisch auf den Tisch. Doch so schön die Schalen auch glänzen, als Souvenir taugen sie nicht – denn die Conch gilt in anderen Ländern als bedrohte Art, fällt deshalb unter das Washingtoner Artenschutzabkommen und darf nicht ausgeführt werden.

Meist gibt es in Sonderausstellungen auch die Karnevalskostüme des Junkanoo zu bewundern. *Di–Sa 10–17, So 12–17 Uhr | Eintritt 7 B$ | West Street/West Hill Steet | nagb.org.bs*

PARADISE ISLAND *(🕮 17/B-D2)*
Die 5 km lange Insel vereint alle Zutaten für den perfekten Urlaubscocktail: Shoppingarkaden, ein Kasino mit Glitzershows, einen Golfplatz, kristallklares Wasser und einen Traumstrand mit puderfeinem Sand, der sich an der ganzen Nordseite der Insel hinzieht. *Brücke nach Nassau | Mautgebühr 2 B$*

POMPEY MUSEUM *(🕮 17/B2)*
Im alten Sklavenmarkt von 1769 wird die Geschichte der Sklaverei auf den Bahamas nacherzählt. *Mo–Sa 9.30–16.30, Do bis 13 Uhr; zeitweilig wegen Renovierung geschl. | Eintritt 3 B$ | West Bay Street/ George Street | www.ammcbahamas.com*

SEAWORLD EXPLORER *(🕮 17/B2)*
Ein Ausflug unter Wasser für Wasserscheue: Per U-Boot geht es zu Korallen und bunten Fischen. *Fahrpreis 49 B$ | Abfahrt beim Straw Market im Kreuzfahrthafen | Tel. 3 56 25 48 | www.bahamas.com/vendor/seaworld-explorer*

ESSEN & TRINKEN

CAFÉ MATISSE *(🕮 17/C3)*
Ein beliebtes Bistro in der Altstadt. Italienische Küche, schön zum Lunch im idyllischen Innenhof. *Bank Lane | Tel. 3 56 70 12 | €€*

GOLDIE'S CONCH HOUSE *(🕮 17/A2)*
Man kann in dieser bahamaischen Fast-Food-Hütte direkt zusehen, wie die Conchs zubereitet werden. Dazu gibt es auch frischen Fisch und kaltes Bier. *Arawak Cay | Tel. 3 25 43 00 | €*

GRAYCLIFF *(🕮 17/B3)*
Dieses Gourmetrestaurant residiert stilvoll in einer prachtvollen Kolonialvilla. Serviert wird französisch inspirierte karibische Küche, dazu verfügt das Haus über den besten Weinkeller aller Bahamas-Inseln. Jackettpflicht. *West Hill Street/Blue Hill Road | Tel. 3 02 91 50 | www.graycliff.com | €€€*

Die „schwimmenden Schweine" von Big Major

EINKAUFEN

Von originellen T-Shirts bis zu Parfum und Edeluhren: Was Sie an der Bay Street und im Straw Market nicht finden, das gibt es nicht auf den Bahamas.

FREIZEIT & SPORT

DOLPHIN ENCOUNTERS *(17/D2-3)*

Sie haben Lust, Ihren Kreuzfahrtaufenthalt mal etwas anders zu gestalten? Hier ein besonderer und ganz bestimmt unvergesslicher Tipp: Schwimmen mit Delfinen und Seelöwen in einer natürlich gestalteten Lagune auf einer vorgelagerten Insel. *109–350 B$ | Abfahrt am Fährgebäude der Paradise Island Bridge | Nassau | Tel. 3 63 10 03 | www.dolphinencounters.com*

MIT KINDERN

Zu Besuch bei Captain Blackbeard und seiner Schiffscrew auf seinem Schiff Revenge: Das exzellent gestaltete Multimediamuseum *Pirates of Nassau* lässt die Welt der Freibeuter wiederauferstehen. *Mo–Sa 9–18, So 9–12 Uhr | Eintritt 13 B$, Kinder bis 17 Jahre 6,50 B$ | Marlborough/George Street | Nassau | Bahamas | www.piratesofnassau.com*

ZIELE IN DER UMGEBUNG

EXUMAS ★

Wenn Sie auf Ihrer Kreuzfahrt ausreichend lange Zeit haben, sollten Sie sich dieses Erlebnis nicht entgehen lassen: Bei einer Tagestour zu den unbewohnten Inseln der nördlichen Exumas erleben Sie die Bahamas von ihrer schönsten Seite: In rasanter Powerboat-Fahrt geht es über das türkisfarbene Wasser. In den Pausen kann man schnorcheln, baden und Iguanas (Leguane) beobachten. *Powerboat Adventures | ca. 200 B$ | Tel. 3 63 22 65 | www.powerboatadventures.com*

Von George Town (1500 Ew.) auf Great Exuma führt ein beliebter Bootsausflug nach INSIDER TIPP Big Major, wo die mittlerweile berühmten „schwimmenden Schweine" leben – verwilderte Hausschweine mit Leidenschaft fürs Wasser *(Tagestour ca. 180 B$ | www.exumawatertours.com)*.

SAN SALVADOR

Das ist sie also, die Kolumbus-Insel Guanahani, auf der Cristobal Colón 1492 erstmals die Neue Welt betrat. Die Historiker streiten sich zwar, doch die Lagunen im Binnenland der kaum 20 km langen Insel scheinen das Logbuch von Kolumbus zu bestätigen. Das wichtigste der gleich vier Kolumbus-Denkmäler, ein großes, weißes Kreuz, steht etwa 5 km südlich der einzigen Stadt Cockburn Town am Strand. An der Nordspitze der Insel steht das Dixon Hill Lighthouse, das seit seiner Erbauung 1856 mit Kerosin betrieben wird.

PRAKTISCHE HINWEISE

Bahamas: die wichtigsten Informationen für Ihre Reise

ANLEGESTELLE

Kreuzfahrtschiffe machen im Hafen von Nassau am Prince George Dock fest. Das Prince George Dock liegt zentrumsnah, Sie können die Innenstadt von Nassau fußläufig in ca. einer Viertelstunde erreichen.

BUSFAHREN

In Nassau verkehren preiswerte Jitney-Busse. Eine einfache Strecke kostet ca. 1 B$. Die Busse fahren häufig und man kann mit ihnen die ganze Insel erkunden.

EINREISE

Für die Einreise auf die Bahamas benötigen Sie einen noch sechs Monate gültigen Reisepass. Wenn die Anreise auf Ihrer Kreuzfahrt über die USA führt, ist ein maschinenlesbarer Pass erforderlich; neu ausgestellte Pässe müssen biometrische Daten enthalten.

GELD & KREDITKARTEN

Restaurants und Geschäfte akzeptieren Mastercard und Visa. Sie können mit der EC-Karte an Geldautomaten Geld abheben – das ist günstiger als mit der Kreditkarte.

GESUNDHEIT

Es empfiehlt sich, eine Auslandskrankenversicherung abzuschließen. Trinken Sie nur abgekochtes Wasser oder solches, das in Flaschen abgefüllt ist. So vermeiden Sie Infektionsrisiken.

INTERNETCAFÉS & WLAN

Auf den Bahamas sind Webcafés und Hotspots nur in Nassau und Freeport zu finden. WLAN und Internetkioske im Welcome Center des *Festival Place | Prince George Wharf | Nassau*

NOTRUF

Die Notrufnummern auf den Bahamas lauten 911 und 919.

PREISE UND WÄHRUNG

Auf den Bahamas ist der Bahamas-Dollar die einheimische Währung. Diese ist 1 : 1 an den US-Dollar gekoppelt. Der US-Dollar wird als Zahlungsmittel ebenfalls akzeptiert. Auch die Zahlung mit gängigen Kreditkarten ist möglich.

WAS KOSTET WIE VIEL?

Restaurant	20 B$ *3-Gänge-Menü in einem Mittelklasse-restaurant*
Wasser	1,50 B$ *1 Glas (0,33 l)*
Nahverkehr	1,30 B$ *Einzelfahrschein*

SPRACHFÜHRER

	DEUTSCH	ENGLISCH	FRANZÖSISCH
AUF EINEN BLICK	ja/nein/vielleicht	yes/no/maybe	oui/non/peut-être
	bitte/danke	please/thank you	s'il vous plaît/merci
	Entschuldige!	Sorry!	Pardon!
	Entschuldigen Sie!	Excuse me!	Pardon!
	Darf ich ...?	May I ...?	Puis-je ...?
	Wie bitte?	Pardon?	Comment?
	Ich möchte	I would like to ...	Je voudrais ...
	Haben Sie ...?	Have you got ...?	Avez-vous ...?
	Wie viel kostet ...?	How much is ...?	Combien coûte ...?
	Das gefällt mir (nicht).	I (don't) like this.	Ça (ne) me plaît (pas).
	gut/schlecht	good/bad	bon/mauvais
	viel/wenig	much/little	beaucoup/peu
	offen/geschlossen	open/closed	ouvert/fermé
BEGRÜSSUNG & UNTERWEGS	Guten Morgen!/ Tag!	Good morning!/ afternoon!	Bonjour!/ Bonjour!
	Gute(n) Abend!/Nacht	Good evening!/night!	Bonsoir!/Bonne nuit!
	Hallo!/Auf Wiedersehen	Hello!/Goodbye!	Salut!/Au revoir!
	Tschüss!	Bye!	Salut!
	Ich heiße ...	My name is ...	Je m'appelle ...
	Wie heißen Sie?	What's your name?	Quel est votre nom?
	Ich komme aus ...	I'm from ...	Je suis de ...
	Bahnhof/Hafen	station/harbour	gare/port
	Abfahrt/Ankunft	departure/arrival	départ/arrivée
	Wie viel Uhr ist es?	What time is it?	Quelle heure est-t-il?
	Es ist drei Uhr.	It's three o'clock.	Il est trois heures.
	heute/morgen/ gestern	today/tomorrow/ yesterday	aujourd'hui/demain/ hier
ESSEN & TRINKEN	Die Speisekarte, bitte.	The menue, please.	La carte, s'il vous plaît.
	Könnte ich bitte ... haben?	May I have ...?	Puis-je avoir ... s'il vous plaît?
	Messer/Gabel/ Löffel	knife/fork/ spoon	couteau/fourchette/ cuillère
	Salz/Pfeffer/Zucker	salt/pepper/sugar	sel/poivre/sucre
	Milch/Sahne/Zitrone	milk/cream/lemon	lait/crême/citron
	mit/ohne Eis	with/without ice	avec/sans
	Vegetarier(in)	vegetarian	végétarien(ne)
	Ich möchte zahlen, bitte.	May I have the bill, please?	Je voudrais payer, s'il vous plaît.

Kurz und gut

Dieser Sprachführer hilft Ihnen, die wichtigsten Wörter und Sätze in den unten aufgeführten Sprachen zu sagen

DEUTSCH	ENGLISCH	FRANZÖSISCH	
Wo finde ich ...?	Where can I find...?	Où est ...?	EINKAUFEN
Ich suche ...	I'm looking for ...	Je cherche ...	
Brennen Sie Fotos auf CD?	Do you burn photos on CD?	Est-ce que vous gravez des photos sur CD?	
Apotheke/Drogerie	pharmacy/chemist	pharmacie/droguerie	
Bäckerei/Markt	bakery/market	boulangerie/marché	
Lebensmittelgeschäft	grocery	épicerie	
Supermarkt	supermarket	supermarché	
100 Gramm/1 Kilo	100 gram/1 kilo	cent grammes/un kilo	
teuer/billig/Preis	expensive/cheap/price	cher/bon marché/prix	
mehr/weniger	more/less	plus/moins	
aus biologischem Anbau	organic	de l'agriculture biologique	
Ich suche eine Prepaid-karte.	I'm looking for a prepaid card.	Je cherche une recharge pour mon portable.	TELEKOMMUNIKATION
Wo finde ich einen Internetzugang?	Where can I find internet access?	Où puis-je trouver un accès à internet?	
Brauche ich eine spezielle Vorwahl?	Do I need a special area code?	Ai-je besoin d'un code de zone spécial?	
Computer/Batterie/ Akku	computer/battery/ rechargeable battery	ordinateur/batterie/ accumulateur	
At-Zeichen	at symbol	arobase	
Internetanschluss/ WLAN	internet connection / Wifi (auch: Wireless LAN)	accès internet/ wi-fi	
E-Mail/Datei	email/file	mail/fichier	
ausdrucken	print	imprimer	
0	zero	zéro	ZAHLEN
1	one	un, une	
2	two	deux	
3	three	trois	
4	four	quatre	
5	five	cinq	
10	ten	dix	
100	(one) hundred	cent	
200	two hundred	deux cent	
1000	(one) thousand	mille	
2000	two thousandten	deux mille	
10 000	thousand	dix mille	

HOW TO CRUISE

EINSCHIFFUNG

Sie geben Ihr Gepäck nach Ankunft am Kreuzfahrtterminal ab. Achten Sie darauf, wichtige Utensilien, die Sie nach Betreten des Schiffs benötigen, mit ins Handgepäck zu nehmen, da es oftmals lange dauert, bis die Koffer in die entsprechenden Kabinen gebracht worden sind. Am Check-in erhalten Sie Ihren Bordpass und durchlaufen eine Sicherheitskontrolle. Wenn Sie Glück haben, können Sie das Schiff direkt betreten; möglich ist es aber auch, dass Sie in der Wartehalle länger warten müssen, bis Sie an der Reihe sind.

AUSSCHIFFUNG

Am Vorabend der Ausschiffung müssen Sie Ihre Koffer vor Ihrer Kabine bereitstellen. Auch hier gilt: Alles, was Sie am nächsten Morgen noch benötigen, gehört ins Handgepäck.

SEENOTRETTUNGSÜBUNG

Alle Passagiere sind verpflichtet, an der Seenotrettungsübung teilzunehmen, die in der Regel am Einschiffungstag stattfindet. In Ihrer Kabine finden Sie eine Schwimmweste, die Sie für die Übung anlegen müssen. Über Lautsprecher werden Sie über die Übung informiert; begeben Sie sich zu der für Sie zuständigen sogenannten Masterstation, einem Ort bei den Rettungsbooten. Hier findet die eigentliche Übung statt.

RETTUNGSBOOTE

Die Zahl der Rettungsboote an Bord ist international geregelt und übersteigt die maximale Passagierkapazität um 125 Prozent. „Frauen und Kinder zuerst" gilt im Notfall nicht; für Passagiere mit Behinderungen gibt es Boote, die ihren speziellen Bedürfnissen angepasst sind.

Endlich unterwegs auf hoher See!

Tipps & Tricks für Ihre Kreuzfahrt

Zum ersten Mal auf großer Fahrt? Wir haben einige Infos und Begriffe rund um das Leben auf hoher See für Sie zusammengestellt

MEDIZINISCHE VERSORGUNG

Auf Kreuzfahrtschiffen ist medizinisches Personal vorhanden; auf größeren Schiffen sogar ein Krankenhaus. Bei schwerwiegenderen Erkrankungen erfolgt eine Überweisung an ein Krankenhaus an Land. Prüfen Sie, inwieweit Ihre Krankenversicherung für etwaige Krankheitsfälle aufkommt, deren Behandlung zunächst selbst bezahlt werden muss. Im Zweifelsfall schließen Sie eine entsprechende Auslandskrankenversicherung ab.

SEEKRANKHEIT

Sie sollten damit rechnen, dass im Atlantischen und Pazifischen Ozean die See auch einmal etwas rauer und turbulenter werden kann. Die Stabilisatoren moderner Schiffe fangen zwar das Schwanken ab, können es aber im Zweifelsfall nicht ganz unterbinden. Sicherheitshalber können Sie sich vor der Abreise in der Apotheke ein entsprechendes Mittel gegen Seekrankheit kaufen.

LIEGEZEITEN

Vor Landgängen werden Sie darüber informiert, wie viel Zeit Ihnen dafür zur Verfügung steht. Beim Verlassen und bei Wiederbetreten müssen Sie Ihre Bordkarte vorzeigen. Wichtig: Sie sollten für die Rückkehr zum Schiff ausreichend Zeit einplanen. Auch wenn Schiffe eine gewisse Zeit auf verspätete Gäste warten – irgendwann fahren sie los, da verlängerte Aufenthalte im Hafen für die Reederei mit entsprechenden Kosten verbunden sind. Ist es einmal weg, stehen Sie vor einem Problem.

Letzte Hürde: die Gangway

LANDGANG

Sie können für den Landgang Ausflugsangebote inklusive Shuttle-Bus auf dem Schiff buchen und z. B. an Sightseeing-Fahrten teilnehmen. Sie können ihn aber auch eigenständig organisieren. Wenn Sie auf eigene Faust unterwegs sein wollen, finden Sie in den meisten Häfen Taxis; manchmal haben Sie auch Glück und das Stadtzentrum ist fußläufig vom Hafen aus erreichbar.

REEDE

Manche Häfen sind zu klein, als dass große Kreuzfahrtschiffe in sie einfahren können. In diesen Fällen ankern die Schiffe außerhalb, sie liegen damit „auf Reede“.

TENDERBOOT

Von auf Reede liegenden Schiffen werden die Passagiere in kleineren Booten, den sogenannten Tenderbooten, für den Ausflug an Land gebracht.

GARDEROBE

Auch wenn die Garderobe an Bord infolge des zunehmend breiteren Spektrums an Kreuzfahrtschiffen inzwischen legerer ausfällt, sollten Sie sich dennoch informieren, welcher Dresscode an Bord Ihres Schiffs vorgeschrieben ist. Als Faustregel gilt: Je mehr Sterne ein Schiff hat, desto formeller ist die Kleidung. Meist wird Ihnen der Dresscode für das Abendessen mit dem Bordprogramm für den jeweiligen Tag mitgeteilt. Viele Reedereien informieren auch auf ihrer Website über den gewünschten Kleidungsstil.

KABINEN-INFOS

Normalerweise finden Sie auf Kreuzfahrtschiffen vier Kategorien von Kabinen vor, die sich in Ausstattung und Preis merklich unterscheiden:

▶ **Innenkabinen:** Sie sind die günstigste Variante ohne Meerblick und räumlich meist recht beengt.

▶ **Außenkabinen:** Hier haben Sie durch das Bullauge einen Blick auf das Meer hinaus, deutlich größer als Innenkabinen sind sie meist nicht.

▶ **Balkonkabinen:** Diese Kabinen bieten einen eigenen Balkon, der bei der abwechslungsreichen Nordamerikareise ein Pluspunkt sein kann.

▶ **Suiten:** Die teuerste Kategorie mit besserer Ausstattung, größerem Raumangebot und zusätzlichem Service.

TRINKGELDER

Manche Reedereien erheben eine feste Pauschale zum Reiseende, die auf die Crew umgelegt wird. Bei anderen können Sie selbst entscheiden, wem und wie viel Trinkgeld Sie geben möchten. Erkundigen Sie sich im Zweifelsfall bei Ihrer Reederei nach deren Gepflogenheiten.

KENNENLERNABENDE

Kreuzfahrten erfreuen sich auch bei Alleinreisenden großer Beliebtheit. Für diese Passagiere bieten die Reedereien entsprechende Kennenlernabende an, bei denen man mit anderen Alleinreisenden in Kontakt treten kann. Keine Sorge, diese Abende sind keine Partnervermittlungsbörse!

BORDRECHNUNG

Alle Käufe, die Sie an Bord tätigen, werden bargeldlos abgerechnet. Bei der Einschiffung registrieren Sie Ihre Kreditkarte oder leisten eine Einzahlung. Die Bordwährungen sind meist Euro oder US-Dollar. Beachten Sie, dass bei Dollarwährung Umrechnungsgebühren bei der Kreditkartenabrechnung anfallen. Vor der Ausschiffung erhalten Sie Ihre Bordrechnung. Was Sie danach bezahlen, wird Ihrer Kreditkarte separat belastet.

BORDPROGRAMM UND GESCHÄFTE

Auf Kreuzfahrtschiffen wird mit entsprechenden (Abend-)Veranstaltungen für Unterhaltung gesorgt. Für Einkäufe stehen Läden und Boutiquen zur Verfügung.

SCHIFFS-ABC

Achtern – hinterer Teil des Schiffes (Heck)
Anker – hält das Schiff an seinem Platz, Kreuzfahrtschiffe haben mehrere
Anker lichten – Hochziehen der Anker vor Abfahrt des Schiffs
Auslaufen – Hinausfahren des Schiffes aus dem Hafen
Backbord – linke Seite des Schiffes in Fahrtrichtung
Beidrehen – Drosseln des Tempos und Änderung der Fahrtrichtung des Schiffes
Bootsstationen – auch Masterstationen genannt; Wartestellen an den Rettungsbooten in Notfällen
Bug – vorderer Schiffsteil
Bullauge – rundes Fenster
Bunker – Treibstofflager auf einem Schiff
Brücke – Von hier steuert der Kapitän das Schiff
Dock – Anlegestelle des Schiffes
Faden – nautisches Längenmaß; 1 Faden entspricht 1,82 m
Flaggschiff – bestes Schiff einer Reederei, oft auch das größte und neueste
Gangway – Treppe oder Brücke, über die die Passagiere Zugang zum Schiff haben
Gieren – vom Kurs abkommen
Glasen – nautische Zeitangabe, die eine halbe Stunde bezeichnet
Hafengebühr – wird in jedem Hafen, abhängig von der Schiffsgröße, berechnet
Heck – hinterer Teil des Schiffes (siehe Achtern)
Informal – englische Bezeichnung für legere Bekleidung an Bord
Jungfernfahrt – erste Fahrt eines Schiffs mit Passagieren
Kapitän – Schiffskommandant
Kiel – von vorn bis hinten durchgängiger Bauteil eines Schiffes, der weitgehend unter der Wasserlinie liegt
Kielwasser – Wasserspur, die ein Schiff während der Fahrt hinter sich herzieht
Kombüse – Schiffsküche
Knoten – nautische Geschwindigkeitseinheit, 1 Knoten entspricht einer Seemeile pro Stunde
Kurs – Fahrtrichtung eines Schiffes
Lee – dem Wind abgewandte Seite
Lotse – leitet Schiffe durch schwierige Gewässer
Luv – dem Wind zugewandte Seite
Mayday – internationaler Hilferuf auf See
Niedergang – (schmale) Treppe im Inneren eines Schiffs
Pier – Anlegestelle für ein Schiff (auch Kai genannt)
Purser – „Zahlmeister" auf einem Schiff, zuständig für Finanzen und Kaufmännisches
Quai – Landungsbrücke
Rumpf – Schiffskörper ohne Aufbauten
Schlingern – seitliches Schaukeln eines Schiffs
Schwesterschiffe – baugleiche Schiffe einer Flotte
Seegang – Wasserbewegung, verursacht durch Wind
Seemeile – nautisches Längenmaß, entspricht 1852 m
Sextant – nautisches Messinstrument zur Ortsbestimmung
SOS – internationales Notrufzeichen
Stampfen – schaukelnde Bewegung eines Schiffs in seine Längsrichtung
Steuerbord – rechte Seite des Schiffs in Fahrtrichtung
Tide – Gezeiten (Ebbe und Flut)
Wache – Dienstzeit der Mannschaft an Bord
Wasserlinie – Höhe des Wasserspiegels am Schiffsrumpf

REGISTER

In diesem Register sind ausgewählte im Reiseführer erwähnte Sehenswürdigkeiten und Ausflugsziele aufgeführt.

IMPRESSUM
Titelbild: Kreuzfahrtschiff auf dem Hudson River vor der Skyline von New York City (© stock.adobe.com/mandritoiu)
Fotos: © stock.adobe.com: mandritoiu (1), Melastmohican (5), JFL Photography (8/9, 90), milosk50 (2 l., 14/15), Anthony (18), RnDmS (34), fudio (36), whitestorm (37), Fayeling (41), klevit (43), markskalny (44/45), dell (2 r., 48/49), BRIAN_KINNEY (52), Eric (53), Lukas (58), SeanPavonePhoto (61, 74, 86), f11photo (64, 67, 68, 83), Jenny Thompson (65), Allard1 (70), tomalu (73), travelview (77, 78/79), CHBD (80), Patricia Thomas (91), thomas (93), JJAVA (94), chones (96/97), Jeremy Francis (102), tomas del amo (3 l., 108/109), kyrien (110), joebelanger (112), Irina Fischer (113), Jim Wiltschko (115), IndustryAndTravel (116), ggfoto (118), Stefan (3 r., 120/121), Caitlin Chock (124); © mauritius images: Nikreates/Alamy (4), Robert Harding/Neale Clark (6/7), Science Faction/Karen Kasmauski (13), Picturelibrary/Alamy (17), All Canada Photos/Alamy (21), UrbanImages/Alamy (22), All Canada Photos/Alamy (25), Bill Bachmann/Alamy (30), Chris Howes/Wild Places Photography/Alamy (42), Hemis.fr/RIEGER Bertrand (51), Riccardo Sala/Alamy (55), New York City/Alamy (57), Steve Hamblin/Alamy (84), Ian G Dagnall/Alamy (98), Paul Briden/Alamy (101), Michael DeFreitas/Alamy (104), Juan SiLVA/Alamy (128), Jochen Tack/Alamy (129); © istockphoto.com: Meinzahn (10/11), Boogich (19), sphraner (26/27), Jun Zhang (28), LaserLens (38/39), RyanJLane (56), benedek (62), pius99 (89), Pgiam (99), LeslieLauren (114), Kolbz (122), apomares (130); © shutterstock.com/smcfeeters (33)

SCHREIBEN SIE UNS!

Egal, was Ihnen Tolles im Urlaub begegnet oder Ihnen auf der Seele brennt, lassen Sie es uns wissen! Ob Lob, Kritik oder Ihr ganz persönlicher Tipp – die MARCO POLO Redaktion freut sich auf Ihre Infos.
Wir setzen alles dran, Ihnen möglichst aktuelle Informationen mit auf die Reise zu geben. Dennoch schleichen sich manchmal Fehler ein – trotz gründlicher Recherche unserer Autoren und Autorinnen. Sie haben sicherlich Verständnis, dass der Verlag dafür keine Haftung übernehmen kann.

MARCO POLO Redaktion
MAIRDUMONT
Postfach 31 51
73751 Ostfildern
info@marcopolo.de

1. Auflage 2019

Autoren: Karl Teuschl, Ole Helmhausen, Doris Chevron, Bert Sanders, Roland Austinat, Sonja Alper
Bearbeiter: Alrun Steinrueck, Ole Helmhausen, Ralf Johnen, Anna-Barbara Tietz

Kartografie und Faltkarten © MAIRDUMONT, Ostfildern

Printed in Italy

FSC www.fsc.org MIX Paper from responsible sources FSC® C015829

BLOSS NICHT

Besonderheiten, über die Sie informiert sein sollten

ALKOHOL IN DER ÖFFENTLICHKEIT TRINKEN

Der Alkoholgenuss in der Öffentlichkeit ist verboten, und nicht nur das. Die Flasche Bier oder Wein muss in einer braunen Papiertüte verschwinden, damit niemand sieht, was man gerade erstanden hat.

HÄNDE SCHÜTTELN

Hi, how are you? Nice to meet you. Das sagt Ihnen einer zur Begrüßung, Sie freuen sich, strecken die Hand aus – und greifen ins Leere. Politiker schütteln sich die Hand, Vertragspartner und alte Freunde. Leute, die einander flüchtig kennenlernen, nicht. Es reicht völlig, seinen (Vor-)Namen zu nennen und *I'm doing fine* oder *my pleasure* zu murmeln.

AUF HAWAI'I IN TOURISTEN-SHOWS STOLPERN

Vor allem in Waikiki werden *luaus* und polynesische Shows angeboten – meist kitschige Spektakel, bei denen dunkelhäutige Darsteller(-innen) Kriegsschreie ausstoßen und mit den Hüften wackeln. Es gibt nur sehr wenige authentische Shows, da viele der Vorführungen aus anderen Teilen der Südsee stammen. Der Feuertanz etwa kommt aus Samoa. Und selbst die klischeehaften BHs aus Kokosschalen wurden auf Tahiti erfunden – für die Touristen.

RAUCHEN

Rauchen ist in allen US-amerikanischen öffentlichen Gebäuden verboten. Viele Restaurants sind rauchfrei oder haben nur noch eine kleine Raucherzone. Sogar in Bars darf kaum noch gequalmt werden. Hawai'i hat seit 2006 die striktesten Rauchregeln Amerikas: Nicht geraucht werden darf in Bars, Restaurants und allen öffentlichen Gebäuden. Und sogar an Stränden wie Waikiki herrscht mittlerweile Rauchverbot. Auch in Kanada ist das Rauchen verpönt – und horrend teuer. Es ist in allen öffentlichen Gebäuden und Lokalen verboten.

AN KLISCHEES FESTHALTEN

Gern vergleichen wir unsere Allgemeinbildung und unser Umweltbewusstsein mit dem der Amerikaner. Die Chancen, unterwegs dem naiven Klischeeamerikaner zu begegnen, stehen zwar nicht schlecht, noch besser sind jedoch die Aussichten auf inspirierende Diskussionen mit toleranten, nüchtern argumentierenden Menschen, die neugierig auf Ihre Meinung sind und Ihre Ansichten durchaus teilen. In jedem Fall vermeiden Sie leidige Besserwisserattitüden.

ZUM TISCH STÜRZEN

Selbst in einfachen Gaststätten steht fast immer ein Hinweisschild am Eingang, das auffordert: *Please wait to be seated*. Ein host oder eine hostess führen alle Gäste zu den freien Tischen, wenn diese gesäubert und frisch gedeckt sind. In manchen Restaurants wird Ihnen angeboten, für einen Drink an der Bar Platz zu nehmen. Den zahlen Sie dann auch dort, bevor es zum Essen an den Tisch geht.